CEREMONIAL EMPRESARIAL

CEREMONIAL EMPRESARIAL

El ceremonial de Relaciones Públicas

2º edición ampliada

Antonio Ezequiel Di Génova

UGERMAN EDITOR
Ciencia & Técnica

Di Génova, Antonio Ezequiel
  Ceremonial empresarial : el ceremonial de relaciones públicas / Antonio Ezequiel Di Génova. - 2a ed ampliada. - Ciudad Autónoma de Buenos Aires : Ugerman Editor, 2019.
  Libro digital, PDF

  Archivo Digital: descarga y online

1. Comunicación Organizacional. 2. Organización de Eventos. 3. Relaciones Públicas. I. Título.
  CDD 659.2

Diseño de tapa: DG. Pablo Ugerman - www.ugrdesign.com.ar
Armado y diseño interior: Lorena Blanco - lorenamsblanco@gmail.com
Coordinación editorial: Mirtha Bareiro

© 2019, by UGERMAN EDITOR
Ituzaingó 1151 - PB. Oficina 8
(1272) Capital Federal
Buenos Aires - Argentina
Telefax (011) 4362-2107
www. ugermaneditor.com.ar
jcugerman@yahoo.com.ar
info@ugermaneditor.com.ar
skype: ugermaneditor

Hecho el depósito que marca la ley 11.723

IMPRESO EN ARGENTINA
PRINTED IN ARGENTINA

Índice

Prólogo

Por Viviana Cardozo Arenales*

Agradezco a mi estimado amigo Antonio Ezequiel Di Génova que me ha conferido el honor de prologar esta nueva edición de su ya clásico libro "Ceremonial Empresarial", el Ceremonial de Relaciones Públicas, un concepto que le es propio.

Antonio se caracteriza por ser uno de los más distinguidos profesionales del ámbito de las Relaciones Públicas, la Comunicación y el Ceremonial y Protocolo.

En esta obra que en este momento Ud. tiene en sus manos, se realiza un pormenorizado análisis de lo que es el mundo del Ceremonial y las Relaciones Públicas, a través de una visión integradora entre dos profesiones que se requieren mutuamente. Y transita un terreno propio de los especialistas de la Comunicación estratégica.

Como el prestigioso autor plantea muy acertadamente: "El tratamiento estratégico del Ceremonial le otorga coherencia al esfuerzo comunicacional de las personas y corporaciones por relacionarse más y mejor, al mismo tiempo que repercute muy favorablemente en la imagen institucional que proyectan entre los distintos grupos de interés con los que se relacionan". Estos criterios son coincidentes con mi convicción de que el Ceremonial está siempre presente y en todos los ámbitos.

Cabe destacar el profundo abordaje que Antonio realiza en torno a la estructura teórica en la que se basan las Relaciones Públicas y el Ceremonial, para así explicar su importancia estratégica como instrumento para la creación y modificación de la imagen y la reputación de una organización a través de acciones persuasivas que permitan gestionar lo que los públicos perciben.

Di Génova aborda en forma dinámica y referenciada los caminos que llevan a la necesaria integración de la Comunicación Persuasiva y la Dirección y Organización Profesional de Eventos que abarca en su génesis el Ceremonial y Protocolo.

Cualquier lector atraído por estos temas, encontrará una guía detallada de lo que puede y debe hacerse cuando existe la necesidad de dirigirse a una audiencia o de convocar a cualquier tipo de acto en el que los públicos entren en contacto con una organización, independientemente de la actividad que realice y los fines que persiga, especialmente en las de habla hispana, en donde Antonio Ezequiel Di Génova es uno de sus más renombrados referentes.

Las disciplinas del Ceremonial y las Relaciones Públicas son herramientas de gestión y de persuasión empresarial, deben ser entendidas también como una oportunidad ideal para participar en una transformación de la cultura de las organizaciones hacia rumbos más éticos y socialmente responsables.

Así resulta un material imprescindible donde se aprecia la vasta experiencia del autor en estos ámbitos y que cumple el loable objetivo de trasmitir conceptos esenciales que tanto los interesados como los especialistas del Protocolo y la Comunicación acogerán como un verdadero manual.

Este libro es una grata aportación al acervo de conocimiento que requiere un sector profesional cada vez más reconocido, pero no por eso bien comprendido y valorado, y que aún tiene que encontrar el espacio que le corresponde en importancia dentro de las organizaciones de todo tipo.

Felicitaciones a este destacado y respetado profesional, y amigo, por este nuevo material bibliográfico que nutrirá a los lectores, e invita a la reflexión para encaminar o rectificar el rumbo de las organizaciones hacia un camino exitoso.

Buenos Aires, Argentina.
Febrero de 2019.

*Viviana Cardozo Arenales

Técnico en Ceremonial y Maestro de Ceremonias. Además ha realizado numerosos cursos de Ceremonial y Organización de Eventos, completando su formación con actividades afines en el exterior (Bélgica – China -Egipto – Emiratos Árabes – EE.UU. – España – Italia – India – Tailandia – Turquía)

Lleva más de 20 años en la disciplina trabajando y formando nuevos profesionales y como disertante sobre estos temas en diversos encuentros en el país y en el exterior. (Brasil – Chile – Guatemala – México – Paraguay – Perú – Uruguay – Venezuela). Entre muchas otras, ha cumplido función como Encargada de Ceremonial de la Comisión Parlamentaria Conjunta del Mercosur por más de 15 años y es autora del proyecto de estructuración del área de Ceremonial del PARLASUR. También fue profesora titular en las carreras afines a su especialidad y de Hotelería, Turismo y Gastronomía en varios establecimientos educativos y otras instituciones públicas y privadas.

Actualmente se desempeña como: Presidente y Fundadora de la Asociación Interamericana de Ceremonial. Miembro de la Comisión de Turismo, Hotelería, Gastronomía y Eventos del Consejo Consultivo de la Sociedad Civil para el Ministerio de Relaciones Exteriores. Miembro del Grupo de Trabajo Ceremonial y Protocolo del Consejo Argentino de Relaciones Internacionales (CARI). Funcionaria de la H. Cámara de Diputados de la Nación. Capacitadora permanente de la INAP (Instituto Nacional de la Administración Pública).

Capítulo 1
Evolución del Ceremonial Empresarial
El ceremonial en el contexto actual del Management y la Comunicación Corporativa

Hacia una consideración estratégica del Ceremonial: Ceremonial Estratégico[1]

Es un nuevo concepto que no hace más que reflejar el reposicionamiento que la actividad del ceremonial ha operado en la mente y consideración del público en general y en el concierto de las disciplinas científicas que coadyuvan al logro de los objetivos del management empresarial en particular.El correcto comportamiento protocolar de las personas que se desempeñan en una empresa no solo facilita la comunicación entre las partes sino que, además, la hace más profesional y eficiente.

En el contexto actual del Management y la Comunicación Corporativa las ventajas competitivas que pueden alcanzar las empresas ya no pasan tanto por las variables históricas del "*mix*" de marketing, sino por diferencias más sutiles y difíciles de igualar como son: la calidad comunicacional, la responsabilidad profesional, la buena imagen, el compromiso ético y la buena reputación percibida por los diferentes públicos.

El tratamiento estratégico del Ceremonial le otorga coherencia al esfuerzo comunicacional de las personas y corporaciones por relacionarse más y mejor, al mismo tiempo que repercute muy favorablemente en la imagen institucional que proyectan entre los distintos grupos de interés con los que se relacionan.

---

1 Concepto registrado por Antonio E. Di Génova.

El Ceremonial, estratégicamente considerado, coadyuva a la consecución de la *misión* de una organización, perfecciona su *visión* y promueve los principios y *valores* que dan fundamento al *ser* y al *hacer*.

Históricamente se ha considerado al Ceremonial –muy injustamente por cierto– como una actividad sin mayor relevancia o de orden menor. Su consideración en el ámbito académico no pasaba de un tratamiento superficial en el que se enumeraban las técnicas disponibles y describían sus principales principios operativos. Los esfuerzos por articular su implementación en el contexto de un plan global de Relaciones Públicas eran prácticamente nulos.

Hoy por hoy la situación comienza a ser otra. En amplios sectores de la sociedad se observa un interés creciente por agregar valor a la forma en la que se relacionan y mejorar la calidad de sus transacciones comunicacionales. Tal como se pensaba en la antigua China, los cánones del comportamiento son afines a una moral de la actitud.

Como puede observarse, no solo es relevante aquello que estamos diciendo, sino también la manera en que lo decimos. Contenido y tratamiento del mensaje se necesitan recíprocamente, son dos caras de una misma moneda. Un mensaje sin contenido es un mensaje sin valor, un mensaje al que no se le otorga el tratamiento necesario puede afectar la interpretación del contenido.

Valoración del ceremonial en la vida moderna

El ceremonial nunca ha perdido su valor. Es un ordenador de la vida social de las comunidades. La teoría del ceremonial se prolonga a la vida moderna como parte valiosa de las Relaciones Públicas.

El Ceremonial promueve un mayor y más respetuoso relacionamiento entre los diferentes públicos que componen una empresa.

La vida de relaciones en la comunidad empresarial y las cada vez más influyentes asociaciones y organizaciones profesionales y técnicas de las que los empresarios participan, hacen necesario el uso práctico de las normas del Ceremonial.

Actualmente se exige un ceremonial dinámico que esté a tono con las exigencias de este tiempo, un *Ceremonial de Relaciones Públicas*.

El Ceremonial de Relaciones Públicas

Se trata de un tipo particular de Ceremonial, concebido como un sistema de pensamiento y de acción estratégico que permite interactuar, con ventaja, sobre el conflicto: en este caso, la dicotomía que se observa entre el contenido y el tratamiento de los mensajes corporativos. Esta estrategia es la mejor forma conocida de enfrentar la naturaleza y los efectos del conflicto.

Las relaciones entre superiores y subalternos, entre ejecutivos y clientes o proveedores deben tender hacia la excelencia y la plena realización y convivencia armoniosa. La capacidad de adaptarnos al entorno, de trabajar en equipo, de apegarnos a las consignas, de relacionarnos asertiva y empáticamente con los demás, de dar cuenta de nuestros actos y ser solidarios con quienes más nos necesitan son algunas de las claves operantes en el Ceremonial de Relaciones Públicas.

Ubicación del Ceremonial en el organigrama de una empresa

Dentro del organigrama de una empresa, el área de Ceremonial debe tener relación directa con las más altas autoridades de la institución, por lo que la función de *staff* resulta muy conveniente. Esta modalidad nos permite llevar adelante nuestra labor de asesoramiento y gestión en forma directa. Todas las instrucciones de trabajo que se reciben deberán ser canalizadas a través del área de la que Ceremonial dependa. Del mismo modo, toda sugerencia o indicación profesional por nosotros realizada y que involucre a otros sectores de la compañía deberá ser promovida por el mismo canal.

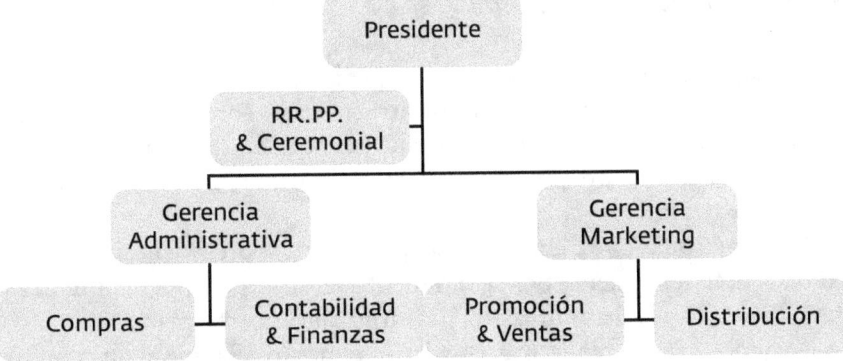

Organigrama. Ceremonial en "staff"

Descripción de sus principales funciones

El Ceremonial es sinónimo de orden y respeto por las distintas jerarquías. Son muy frecuentes, hoy por hoy, las reuniones de negocios en sus múltiples formatos: desayunos y almuerzos de negocios, *brunchs*, cócteles, presentaciones de producto, *work shops*, alianzas estratégicas, fusiones y adquisiciones, reuniones de directorio, convenios, exposiciones, por nombrar solo algunas de las más importantes.

La relación entre los diferentes grupos de interés en una empresa o institución, llámense accionistas, directivos, mandos medios, empleados, clientes, cámaras, asociaciones, colegios profesionales, organizaciones no gubernamentales y sociales, gobiernos nacionales, provinciales o municipales y entidades de todo tipo, hace primordial que todas las personas conozcan su posición, la hagan respetar y respeten las de los demás en virtud de una conducta empática y asertiva.

Estos encuentros deben ser regidos por un código o protocolo de gestión para que con ello se facilite la interrelación.

El mayor o menor grado de formalidad en el comportamiento profesional y social depende de la actividad en que se desenvuelve la empresa y de las políticas que se hayan establecido oportunamente en materia de relacionamiento formal y vinculación socio cultural.

Dentro de las empresas nos encontramos con rangos claramente diferenciados, por lo que será fundamental que cada persona conozca su posición y la haga respetar.

La cortesía es indispensable en el ámbito laboral. El comportamiento social y el que se utiliza en el lugar donde se desempeña laboralmente el individuo deben ser concordantes.

Algunas pautas a tener en cuenta

Tratamiento: es la manera correcta que han de tener para dirigirse los miembros de las instituciones, tanto entre sus pares como frente a terceros. La precedencia estará encabezada por los fundadores de la institución y se regirá de acuerdo al organigrama, estatuto o cultura institucional de cada ente en particular.

Entre personas que tienen la misma jerarquía, la precedencia deberá estar dada preferentemente por la antigüedad en el cargo o por el orden alfabético referido a la denominación del cargo que se desempeña.

Cuando se desee tener una reunión, lo correcto será que el que tenga la iniciativa vaya o llame al escritorio de su igual. No se lo llamará a nuestra oficina, a no ser que nos esté visitando alguien cuyo aporte sea de interés para el tema común. Si esta reunión fuera formal, la persona deberá ponerse de pie cuando entre su colega, lo saludará y presentará a los visitantes, indicándole un asiento antes de sentarse nuevamente.

Al llegar al escritorio de un ejecutivo, sin haber solicitado previamente una entrevista, si encontramos a éste ocupado en algún quehacer, esperaremos a que termine lo que está haciendo antes de comenzar con el tema que nos llevó a visitarlo. Como contrapartida, no es correcto recibir a una persona y hacerla esperar mientras se habla por teléfono. Se debe acortar la conversación y solicitar que no le pasen llamadas a fin de concentrarse en la visita.

En general, los subordinados deben aceptar y seguir lo que indiquen y decidan los superiores. Si hay alguna discrepancia o bien alguna idea que pueda mejorar la ejecución de la tarea, se expondrá el parecer con cortesía y en privado. La decisión de pasar del tratamiento de utilizar el apellido de una persona a usar su nombre de pila dependerá de quién tenga mayor jerarquía.

En el primer contacto comercial con otra persona será incorrecto usar el nombre de pila. Lo correcto es no tutear o vosear.

El correcto tratamiento de las llamadas entrantes es el siguiente: que una persona se encargue de atender el llamado es preferente a que lo haga un derivador automático. Al atender, deberá saludar, presentarse y ponerse a disposición de la persona que realizó el llamado.

Si la persona requerida a través del llamado entrante no puede recepcionar el llamado por alguna razón justificada, lo correcto es tomar los datos del interesado y eventualmente el mensaje que deseare dejar y acordar el tratamiento posterior; que, por lo general, consiste en la devolución del llamado por parte de la persona excusada.

La observancia del ceremonial por parte de una empresa contribuye a la articulación de una buena reputación corporativa.

Ceremonial, Relaciones Públicas y valores

Dentro de una necesaria diversidad axiológica, es quizá la confianza, el valor que mejor refleja el éxito de nuestra gestión. La confianza ayuda a reducir las interferecias, a potenciar las comunicaciones –al disminuir las barreras que impiden la transmisión y recepción de los mensajes–, a posibilitar la adopción de mejores decisiones y, por sobre todas las cosas, ayuda al logro de resultados.

Escuchamos a aquellos en quienes confiamos y aceptamos su influencia. La falta de confianza afecta directamente la calidad de las comunicaciones, generando confusión, tensión, reducción de la productividad y frustración de los públicos.

La confianza posibilita la asertividad, la facultad de decir lo que pensamos sin menoscabar la posición y el rol de nuestro interlocutor.

La confianza en el verdadero sentido de la palabra está ligada al respeto: respeto al otro, también a las cosas, y por supuesto también a uno mismo.

La confianza, como dijo E. W. Stevens, nunca proviene de tener todas las respuestas, sino de estar abierto a todas las preguntas.

Instalar niveles razonables de confianza mutua con nuestros públicos, es un trabajo arduo, lleva esfuerzo, tiempo, dedicación y disciplina.

Hoy, el proyecto institucional de "Dirección por valores", que algunas empresas han puesto en práctica, tiene como objetivo, hacer públicos los pilares corporativos e institucionales con los que vertebrar las relaciones con los principales grupos de interés: clientes, accionistas, empleados y la comunidad:

- ▶ Para los accionistas, la confianza se traduce en rentabilidad y transparencia.

- ▶ Para los clientes, en calidad de servicio y cumplimiento de las promesas.

- ▶ Para los empleados, en claridad en la relación y desarrollo profesional.

- ▶ Para la comunidad en su conjunto, en cercanía, compromiso y contribución que desemboca en la responsabilidad social.

Confianza es un valor relacionado con la integridad moral de las personas, la atención en las tareas encomendadas y el cumplimiento de promesas. Generar, y transmitir confianza, es nuestra tarea principal.

Dirección y gestión por valores

La dirección por valores es una herramienta conceptual para la dirección de empresas de altísimo valor añadido.

Los valores son estructuras cognitivas de nuestro lenguaje interno muy potentes, que no solo sirven para manejarnos en lo cotidiano, sino que permiten la toma de decisiones de alto rendimiento en contextos de alta complejidad e incertidumbre. Los valores compartidos son mecanismos de gobierno organizativo y social tan potentes o más que las leyes de mercado o las estructuras de poder burocráticas.

Los valores son estructuras lingüísticas orientadoras de la conducta humana estratégica. La capacidad valorativa es la capacidad de elegir estratégicamente, de estimar y de desestimar, de valorar, de sopesar, de guiar la acción, de darle sentido a la existencia.

La dirección por valores es una oportunidad para superar el marco utilitario habitual y comprometer moralmente en libertad, para dar sentido al esfuerzo y para generar bienestar ético y emocional. En definitiva, para legitimar y construir una empresa sana y perdurable.

La dirección por valores es una nueva propuesta generadora de la acción organizativa ética y creativa, más allá de la dirección por objetivos de los años setenta y la dirección por instrucciones de principios del siglo pasado, para moverse eficaz y éticamente, en los actuales contextos de alta complejidad e incertidumbre que exigen altos niveles de confianza, compromiso y creatividad por parte de las personas.

Este estilo de dirección está emergiendo con fuerza como un modo avanzado de dirección estratégica y liderazgo participativo, basado en el diálogo explícito y democrático, sobre los valores compartidos que han de generar y orientar las decisiones de acción en la empresa.

Más que una nueva moda de dirigir empresas es una nueva forma de entender y aplicar conocimientos. Muchos directivos están ya empezando a practicar, de forma todavía intuitiva, este modelo, para conseguir sobrevivir y diferenciarse en el futuro. El verdadero liderazgo es, en el fondo, un diálogo sobre valores. El futuro de la empresa se configura articulando valores, metáforas, símbolos y conceptos que orienten las actividades cotidianas de creación de valor por parte de los empleados.

Capítulo 2
Ceremonial y Protocolo
en la Empresa

Relaciones Públicas y Ceremonial

Sin pretender ser exhaustivos y en virtud de su evolución histórica, podemos clasificar las acciones procedimentales específicas de las Relaciones Públicas & Ceremonial en tres grandes categorías: operativas, tácticas y estratégicas.

Acciones operativas

Las primeras acciones especializadas del área de RR.PP., en empresas e instituciones públicas y privadas, han estado vinculadas con la realización de informes de prensa internos orientados a directivos, con el resumen clasificado de las informaciones más significativas de orden general o específico, según la actividad de la que se trate.

Otras de las actividades clásicas de los comienzos de la profesión, allá por mediados del siglo pasado, han sido las de *Ceremonial y Protocolo*. Los primeros esfuerzos en esta área de gestión estuvieron orientados a la unificación de criterios para la redacción de los diferentes textos corporativos e institucionales, la correcta ubicación de la Bandera Nacional y tratamiento de los símbolos patrios y la disposición necesaria, en actos internos y externos, de autoridades e invitados de acuerdo al Orden de Precedencia.

Acciones tácticas

Con el correr del tiempo, se produjo un desplazamiento del marketing masivo al selectivo y con éste comenzaron a tomar fuerza las acciones tendientes a trabajar de manera segmentada y en función de los diferentes grupos de interés.

El concepto de imagen institucional cobra fuerza y se reconvierte –a partir de la necesidad del público de contar con empresas e instituciones capaces de transmitir solvencia y confiabilidad– en un elemento central de todo programa de RR.PP. que se precie de tal. En la década de los noventa dos acciones clásicas de nuestra profesión se consolidan en el portfolio de las principales agencias o consultoras de RR.PP. nacionales e internacionales: *Publicity* o Prensa y la organización de eventos corporativos.

Publicity (hacer público, dar a conocer) es la acción que consiste en divulgar información relevante proveniente de una empresa, entidad u organismo público o privado, con el fin de que sea difundida total o parcialmente por diferentes medios de comunicación, en el contexto de su propia oferta informativa y editorial. Al tratarse de información, la pugna por formar parte del contenido de un medio debería sustentarse en la calidad y significación de la noticia ofrecida, más allá de toda relación de orden personal con los periodistas o compromisos de orden comercial que pudieren existir, a partir de la posible condición de anunciante de quien es el responsable institucional de la información que se envía a los medios, a través de gacetillas o comunicados de prensa.

Los Eventos y su organización profesional se han transformado en otra de las herramientas que colaboran activamente en la prosecución de los objetivos de comunicación y marketing de las empresas e instituciones. La participación en eventos organizados por terceros, como ser ferias y exposiciones varias, pasaron a tener una significación de oportunidad única para: tomar contacto directo con los consumidores o usuarios de un producto o servicio determinado, promover acciones vinculantes con públicos potenciales y articular el posicionamiento de imagen institucional, de marca y de producto. Los eventos o acontecimientos especiales propios pasaron a tener significación dentro del *menú* de las acciones *BTL (Below the line)* o de bajo presupuesto que una empresa puede aplicar para conseguir resultados específicos y puntuales; *workshops,* visitas guiadas, conferencias, muestras, actividades abiertas y capacitaciones están dentro de las especialidades más elegidas.

Acciones estratégicas

Independientemente de las acciones que se implementaren, el objetivo subyacente de todo programa de RR.PP. es el articular, en la mente del "público blanco", una imagen institucional de acuerdo a parámetros conceptuales determinados *a priori*. Y es quizás por la propia naturaleza integradora y holística que la imagen institucional representa, que comenzó a tomar vuelo el enfoque estratégico de las Relaciones Públicas y de sus alcances largoplacistas.

Dentro de este nuevo rol de gestión profesional, actualmente pueden observarse: planes anuales y pro activos de RR.PP. y Ceremonial, participación de programas activos de Responsabilidad Social Empresarial desarrollados por terceros, diseño y ejecución de acciones responsables propias de alcance comunitario y social, reconocimiento del valor de la comunicación para los públicos internos, *e-communications* (comunicación a través de Internet), comunicaciones integradas y dirección por valores.

Acciones, técnicas y tácticas propias del Ceremonial

Manual de Ceremonial de Relaciones Públicas

- ▶ Toda empresa que se precie de tal deberá contar con un manual que contenga explicitados los protocolos de acción y reacción frente a determinadas circunstancias y normalizadas ciertas conductas y procederes exigibles, a saber:

- ▶ Clasificación de los grupos de interés: públicos internos, mixtos y externos.

- ▶ Clasificación de los actos de la empresa, tanto propios como los organizados por terceros, y prescripción de la forma de actuar.

- ▶ Descripción gráfica de las funciones que se desarrollan en la empresa a través de un organigrama.

- ▶ Nómina de las personas que se desempeñan en la institución y descripción de las tareas que efectúan.

- ▶ Definición de las precedencias generales en la empresa.

- ▶ Tratamiento de las visitas y autoridades.

- ▶ Protocolo general para los actos programados.

- ► Tratamiento de la Bandera Nacional y los símbolos patrios, y los propios de la Empresa.

- ► Elementos auxiliares necesarios para los diferentes actos y necesidades organizativas.

- ► Logística general en virtud de los actos previstos. Cubrir la secuencia de acciones previstas para que todo esté disponible a la hora de una reunión o negociación.

- ► Elementos auxiliares varios.

- ► Intercambios protocolares y reconocimientos.

- ► Fechas significativas de la empresa en cuestión.

- ► Principios éticos que rigen la organización. Conductas exigibles y preferentes.

- ► Misión, visión y valores sobre los que se sostiene el accionar de la empresa.

- ► Relación con públicos especiales: accionistas, medios, gobierno, ONG, comunidad, etc.

- ► Pactos a los que se adhiere, por ejemplo el Pacto Global de Naciones Unidas.

- ► Procederes requeridos por norma de calidad, certificadas por la empresa.

- ► Manual de estilo y modelos de textos.

- ► Canales de comunicación y tratamiento de conflictos.

- ► Presentes y regalos empresariales.

- ► Formas preferentes de relacionamiento interno y externo.

- ► Grado de formalidad requerido en cuanto a la vestimenta del personal de la empresa de acuerdo a las funciones que se realizaren.

- ► Convenciones para público interno: informativas, motivadoras, constituyentes o aprobatorias.

- ► Listado de proveedores registrados. Modalidad y canales para contactarlos.

- ► Servicios disponibles para clientes internos y externos.

Audiencias

El ceremonial actúa solamente en el ámbito de su competencia cuando la empresa realiza actos protocolares. Por ejemplo, en una audiencia que sea solicitada a la autoridad máxima de una empresa, de un banco oficial, etc., por una autoridad nacional, un diplomático extranjero, ejecutivos de empresas radicadas en el exterior, representantes de organismos internacionales con oficinas en el país, autoridades superiores del mundo empresario o bancario, con carácter protocolar, la intervención del ceremonial está indicada. Eso tiene ventajas evidentes, porque quien se ocupa del ceremonial ya tiene práctica en la forma en la que ha de efectuarse.[1]

En estos casos está indicado el siguiente tratamiento

Una vez confirmado el horario de visita, el responsable de ceremonial deberá esperar a la visita detrás de la puerta principal de entrada, al recibirla saludará, se presentará y le solicitará que lo acompañe hasta la oficina de la persona que aguarda por el encuentro o a la sala de directorio o de reuniones. Una vez allí realizará las presentaciones. Si fuere necesario, el anfitrión dará la bienvenida e invitará al visitante a tomar asiento a su derecha, si se tratare de una mesa de directorio.

El anfitrión indicará a su asistente que haga servir el café o lo que el visitante prefiera de lo que se le ofrece.

Terminada la reunión, la misma persona de ceremonial acompañará al visitante hasta el lugar en que fuera recibido.

Si la calidad de quien ha solicitado la audiencia supera a la del visitado, éste ha de esperar también en el *hall* de entrada, algo alejado de la puerta, y se acercará a ella cuando el encargado de ceremonial le indique la llegada del visitante. Corresponde también que lo acompañe hasta la puerta, del lado de adentro al despedirse.[2]

La devolución de una visita protocolar que se haga estará connotando un particular interés de nuestra parte por continuar cooperando en el proceso de vinculación iniciado con la visita precedente.

El responsable de ceremonial no tiene injerencia en las reuniones o entrevistas de carácter interno de la empresa, que serán canalizadas a través de las respectivas secretarías privadas.

---

1 BLANCO VILLALTA, Jorge G. *Ceremonial.* 1992. Lugar Editorial S. A. Buenos Aires. Página 322.
2 *Ibid.*, p. 333.

Firma de documentos

También se presenta en el mundo empresario la ceremonia que es de rigor efectuar cuando se suscribe un documento, un importante contrato, un acta de significativo valor.[3]

Los representantes de ambas empresas toman asiento frente a un escritorio, ubicado estratégicamente, de manera tal que los firmantes queden de espaldas al punto que actúa como el centro métrico de la pared.

El funcionario anfitrión cede la derecha al visitante. Los directores responsables del área de gestión vinculada con el acuerdo del que se tratare se ubicarán en la parte estrecha del escritorio, cada uno cerca del funcionario de su propia empresa.

El personal de ceremonial permanecerá de pie, frente a la mesa donde están los documentos a firmar, un original para cada firmante.

En el sector derecho del salón del acto se ubicarán las personas que acompañan al visitante, y en el contrario, los presentes de la empresa dueña de casa.

Ambos firmantes deberán hacer uso de la palabra, primero el visitante y luego el anfitrión. Luego de ello, es conveniente realizar un vino de honor.

Aunque el invitado a una empresa posea una jerarquía de orden menor que el anfitrión, se le solicitará que se siente a la derecha. Se trata del orden de precedencia por cortesía.

Manual Corporativo

El Manual Corporativo constituye una herramienta para el manejo de las directrices de presentación de los mensajes institucionales, como medio que garantice el respeto y la promoción de la identidad de la institución, en cada uno de los programas de información.

En el Manual Corporativo se habla de la definición comercial de la empresa o marca, la actividad principal y secundaria de la empresa (definición del producto y características), el tiempo en el mercado y ubicación, tipo de mercado (clasificación), competencia, análisis de la imagen que posee, compatibilidad entre la imagen y el mercado, (demostrado mediante encuestas), qué se debe mejorar, cómo y por qué; cómo, cuándo, dónde y por qué se deberá usar la imagen.

Todas estas reflexiones se deben realizar en función de la empresa y su capacidad y en función del mercado y sus exigencias. El desarrollo del manual es fundamental para la correcta aplicación de una Identidad Corporativa.

---

3 *Ibid.*, p. 337.

Libro Blanco

Se trata de un libro que contiene documentos diplomáticos y que en determinados casos los gobiernos publican, para información de los órganos legislativos o de la opinión pública. Por extensión, es un instrumento del que disponen las empresas para hacer público los principios y normas que rigen su pensamiento y conducta comercial y comunitaria. Hacia el interior de una empresa puede actuar como decálogo ético a tener en cuenta a la hora de tomar determinadas decisiones.

Ensayo de las ceremonias

Para que una ceremonia pueda realizarse, tal como se la concibió, es preciso ensayar los actos que la componen, hasta que el resultado final esté a la altura de los acontecimientos y seamos capaces de garantizar una calidad y una duración determinadas.

Los discursos no pueden ser improvisados puesto que prolongan innecesariamente las ceremonias

Precedencia en el ámbito empresarial. Principios generales de aplicación

Veamos en primer término el significado del vocablo *precedencia*.

Según el diccionario de la Lengua Española, precedencia (del verbo preceder, derivado a su vez del latín '*preacedere*' = ir delante o por delante) es: "Preeminencia o preferencia en el lugar y asiento. Primacía, superioridad..."

En consecuencia, y desde la óptica del protocolo, podemos definir ya la Precedencia como:

"El previo establecimiento de un orden entre las personas que realizan o participan en una actividad que afecta al protocolo, en función de su preeminencia, primacía, rango, nivel o relevancia, en el seno de la estructura y de la sociedad misma, que integran el estado, para obtener la máxima eficacia de la mencionada actividad."

En esta definición aparecen ya las dos interpretaciones que pueden darse de la Precedencia:

En sentido estricto: la ordenación de las personas, en virtud de su nivel o rango oficial, estableciendo por norma legal, tradición o uso.

En sentido amplio: la ordenación de las personas, en virtud de su importancia real en la sociedad, soporte del estado.

A diferencia del primer tipo de precedencia, claro y preciso, el segundo no lo es. Sin embargo, siempre, y más aún en el tema de las mesas, por las razones que a continuación expondremos, es esencial tenerlo en cuenta.

Existen dos colectivos de personalidades:

▶ Las que tienen su sitio establecido en una relación oficial u oficiosa.

▶ Las que, siendo importantes, no lo tienen.

Pues bien, cuando las personas de estos dos colectivos coinciden en la ejecución de una actividad, ¿Qué se hace?

Muy sencillo: aplicamos el denominado "peinado" o "interpolación" de las personas, con su integración en una precedencia única, aunque procedan de diferentes colectivos.

La misma solución cuando se trata de personas que, aun teniendo todas una precedencia definida, pertenecen a dos o más grupos de naturaleza distinta, con precedencias diferentes (por ejemplo: autoridades civiles y militares, o autoridades civiles, militares y eclesiásticas), y estos grupos no tienen –como tales en el acto en cuestión– un lugar propio, separado y determinado.

Filosofía y naturaleza de la Precedencia

La primera regla de oro consiste en aplicar la precedencia con inteligente flexibilidad, nunca con rigidez, porque la precedencia es una guía, no debe ser un corsé.

No olvidemos que el establecimiento de la precedencia, necesaria para la ordenación de los comensales, es un medio para obtener la eficacia de la comida. No es un fin en sí misma.

Y para terminar, he aquí la segunda regla de oro, también esencial, en la interpretación y ambientación de la precedencia:

Las personas a las que les pueda corresponder más de una precedencia, por poseer al tiempo varios rangos o dignidades (cada uno de los cuales con su precedencia propia) han de ser ordenadas atendiendo la precedencia que les corresponda según el objeto de la comida, aunque queden situadas por debajo del lugar que ocuparían si se las aplicase otra, superior, de las precedencias que gozan.

Distribución de puestos

Los puestos se han de distribuir con antelación.

Si se trata de una comida, cena o acontecimiento formal de gran magnitud, se deberá utilizar una tarjeta para indicar a los invitados sus puestos.

La hora

Aunque se ruega a los invitados que lleguen con un poco de antelación, es incorrecto llegar mucho antes de la hora fijada, y lo es más aún llegar con retraso. No solo es poco considerado hacer esperar a los demás, sino que estos retrasos, dado que las cenas deben estar cuidadosamente cronometradas, pueden provocar problemas en la cocina.

Si por alguna razón, el retraso va a ser inevitable, debe avisarse por teléfono a la anfitriona.

En ocasiones, en lugar de esperar, la mejor solución para todos es empezar.

Si se empieza a comer y un comensal sentado en un sitio preferencial no llega (y no ha avisado), lo mejor es dejar su servicio sin retirarlo de la mesa (siempre puede llegar).

La Ley de la derecha, orden lineal y lateral

El lugar de honor es la derecha. Es la base del orden de precedencia. Este criterio debe ser respetado siempre. La persona de mayor rango se coloca siempre de pie o sentada, en el centro o a la izquierda de la precedencia inmediatamente inferior.

En una mesa ocupada en todos sus lados, el "punto honorable" es aquel que se encuentra frente a la puerta principal de entrada o aquel que se halla frente a las ventanas. Si esta disposición de la mesa no fuese posible, el primer asiento del centro es el que recibe la luz del día por la izquierda, teniendo cuidado de que la persona que ocupe ese lugar no dé la espalda a la puerta de entrada, lo que se debe evitar en todo momento.

La ley de la derecha es una disposición operativa que determina que quien ocupa el segundo lugar en el orden de precedencia de la empresa de la que se tratare se ubicará a la derecha de quien ostenta el número uno.

Tanto en el *orden lineal* como en el *lateral*, la precedencia se sujeta a normas diferentes, según la circunstancia. Cuando se trata de dos personas que caminan una detrás de la otra, la precedencia corresponde a la que va adelante. Si son tres, o cualquier número impar, el sitio del medio es el primero; el que precede es el segundo; el que le sigue el tercero. Si son cuatro, la persona que marcha en primer término ocupa el último lugar; la que le sigue el segundo; la subsiguiente el lugar de honor, y la última el tercer sitio. Este es el único caso en que el sitio de precedencia corresponde al penúltimo.

Centro Métrico

Criterio que establece que el titular de una empresa debe ubicarse en el centro métrico de la mesa principal, estrado o muro desde donde presidirá cualquier ceremonia que en el ámbito de la empresa que preside se realice.

Proximidad

Se complementa con el criterio de centro métrico y establece que la persona que ocupare el tercer lugar dentro del orden de precedencia debe ser ubicada a la izquierda de quien preside el acto en la empresa.

Orden Alfabético

Se trata de una forma de ordenamiento aplicable a casos de igualdad en las precedencias o entre pares. Es un criterio no lesivo ni discriminatorio de organización. A igualdad de rango entre funcionarios o ejecutivos de una misma empresa, tendrá prioridad quien ocupare la función cuya denominación se encuentra alfabéticamente primera.

Otra forma recomendable de establecer precedencia entre pares dentro de una empresa en la que ocupan departamentos o áreas en línea es a través de la antigüedad en el cargo. Si se tratare de personas que ingresaron conjuntamente, aplicaremos entonces el criterio alfabético, en virtud de la denominación del cargo que ostenta, mejor que el de su apellido.

Alternado o Rotación Protocolar

Aplicable a situaciones de firma de convenios o asociaciones estratégicas entre empresas. Se dispone de tantos originales de contratos o convenios como firmantes haya, de manera tal de que cada uno de ellos pueda conservar un original de lo suscripto.

En primer término, cada uno de los firmantes consigna al comienzo su firma en el documento que tiene frente a sí, luego ofrece el documento a otro de los signatarios para que haga lo propio. Terminado el proceso, cada uno de los firmantes podrá conservar el original por todos firmado y que ostenta su propia firma en primer lugar.

Patrocinio y Mecenazgo

Los conceptos de patrocinio empresarial y mecenazgo filantrópico, más allá de su teórica definición, se expresan como una realidad de límites mal definidos, llena de híbridos y matices, que varía en función de la realidad local, sectorial o empresarial de que se trate, y el tamaño y experiencia de cada proyecto.

El patrocinio pretende satisfacer un objetivo comercial y otro de imagen. Nos ofrece una nueva dimensión de la empresa y una relación diferente con sus públicos.

Los actos de patrocinio son actos institucionales que transmiten la cultura de la empresa y hacen compartir su visión del mundo, ya que no se considera solo la dimensión de cliente o comprador, sino otras más humanas; esto es, el hombre como amante del arte, de la cultura, del deporte, etc.

El mecenazgo se encuadra dentro del concepto de Filantropía empresarial y se dirige fundamentalmente al terreno de la cultura y del arte. El reconocimiento de la sociedad hacia las acciones de mecenazgo fideliza el apoyo a las empresas más allá del corto plazo.

El mecenazgo –con recursos procedentes del sector privado– no trata de sustituir la inversión gubernamental en cultura, ni su imprescindible labor al servicio del interés general. Los recursos procedentes de la sociedad civil deben incrementarse respetando sus lógicas y prioridades. La necesaria coordinación no debe ser impuesta sino compartida a través del diálogo y la conjunción de esfuerzos.

El mecenazgo genera un aumento de la conciencia cívica y de la identidad local de las empresas, que con su filantropía favorecen el desarrollo sociocultural y que, especialmente, permiten el acceso de la ciudadanía y de nuevos públicos a la programación cultural de alta calidad.

La gestión del patrocinio o mecenazgo, debe planificarse teniendo en cuenta la Identidad e Imagen Institucional, la estrategia y políticas de comunicación de la empresa que promueve la acción, la validez del servicio ofrecido por el patrocinado y/o calidad de su producción artística.

El apoyo a través de acciones de comunicación de Relaciones Públicas, Prensa, Publicidad y Marketing Promocional y el desarrollo de un programa de comunicación interna que facilite la cohesión del personal de la empresa en torno al objeto del patrocinio, es fundamental a la hora de obtener los resultados previstos.

El futuro desarrollo de estas actividades dependerá de:

▶ Incrementar la profesionalidad de los agentes del Mecenazgo en dos direcciones: la captación de fondos (*fundraising*) y en la decisión de las acciones de mecenazgo por parte del sector privado.

► Contar con un código de conducta que, de forma positiva, promueva la excelencia de las acciones de mecenazgo, y una determinada ética y transparencia. .

► Aumentar la vigilancia sobre los casos negativos de mecenazgo como ejemplos a no seguir.

► Clarificar las legislaciones fiscales en la aplicación de las deducciones correspondientes, tanto a las donaciones como a las operaciones de patrocinio.

► Actualizar las estadísticas y *Facts & Figures* del Mecenazgo.

► Fomentar las iniciativas de los ciudadanos.

► Redefinir el papel del Estado Nacional y de las respectivas Provincias: para coordinar, regular y colaborar más con otros agentes.

► Reunir en torno a temas concretos (colecciones de arte contemporáneo, programas educativos de prácticas artísticas, desarrollo local y cultural, uso de Internet como instrumento cultural, etc.) a agentes públicos, asociaciones pro mecenazgo, fundaciones, instituciones culturales, y asociaciones diversas.

Filantropía

Los comunicadores corporativos tenemos ciertas responsabilidades en el marco de lo social que no podemos obviar. Una de esas responsabilidades es la de llamar a las cosas por su nombre, toda vez que distorsionar el sentido de las acciones lleva a la confusión y al engaño.

Hemos podido observar cómo ciertas empresas realizan campañas "aparentemente" de bien público, y que, en realidad, no son más que meras tácticas comerciales, realizadas por el simple propósito de obtener un rédito comercial, campañas pseudocomunitarias, autodenominadas "acciones de Filantropía Empresarial"

Desde la lógica deóntica, la Filantropía se refiere a toda acción generosa y voluntaria que, sin ánimo de lucro ni interés particular, se realiza en beneficio de la comunidad. No creo que sea el caso de muchas "campañas" que andan dando vueltas por ahí, que de *rousseaunianas* no tienen nada.

Lejos de ello, la verdadera responsabilidad social, es aquella que nos mueve a adoptar conductas éticas caracterizadas por el compromiso activo y libre para resolver los problemas de desarrollo de la sociedad y para construirla como una comunidad democrática, sustentable y solidaria.

Una empresa socialmente responsable es aquella que, además de ofrecer productos y servicios de calidad, genera utilidades y empleos, paga impuestos, desafía su creatividad para identificar los problemas que aquejan a su comunidad y propone alternativas para su solución.

La Responsabilidad Social Empresarial es "el compromiso de la empresa de contribuir al desarrollo económico sostenible, trabajando con los empleados, sus familiares, la comunidad local y la sociedad en general para mejorar la calidad de vida".

La empresa con responsabilidad social genera una gestión integradora entre los aspectos económicos y sociales, genera políticas que contribuyen al desarrollo, al bienestar y a la mejoría de la calidad de vida de sus empleados, sus familias y la comunidad.

Visión, Misión y Valores

La visión, misión y los valores son los elementos que unen a la institución. A través de estos enunciados se describe a dónde se quiere llegar, lo que se está intentando hacer, cómo se quiere realizar.

Se debe intentar logra una conjunción entre las intenciones, deseos y expectativas de cada uno de los miembros.

La Visión es hacia dónde nos queremos dirigir como organización, qué es lo que queremos lograr en nuestra vida asociativa; es el ideal al cual aspiramos. Si este enunciado es vivido, compartido y apoyado por cada uno de los miembros, será más fácil poder acercarnos a él.

"Cada organización tiene un destino: un profundo propósito que expresa la razón de existir de la Organización. La visión existe en los diferentes niveles de la organización. Cada miembro de la Organización 'vive' la visión a su manera, y es fundamental aunar estos criterios para acercarlos lo máximo posible".

La Misión describe los propósitos globales de la institución

La Misión es la razón de existir para su organización, son las intenciones de los fundadores, lo que ellos quisieron lograr desde el comienzo, qué es lo que quieren que la institución lleve adelante en su objetivo madre de servir a la sociedad.

La Misión trae un poco más a la definición concreta la Visión que tienen las personas de la asociación.

Los valores representan las organizaciones, su cultura, incluyendo cómo se deben desempeñar los miembros sobre la base de las organizaciones que deben tener y cómo deben actuar. Los valores son muy importantes en la planificación estratégica, son los que direccionan los planes de la institución.

Balance Social

Decreto 1171/2000.
Ley 25.250. Más de 500 trabajadores.
Objetivos:

▶ Realizar un diagnóstico sobre políticas e inversión social.
Individuo y Sociedad.

▶ Disponer de información de empresa, trabajadores y otros
sectores.

▶ Facilitar información para acuerdos en CCT (Convenios
Colectivos de Trabajo)

Código de Ética

El Código de Ética para Comunicadores Profesionales de la *IABC (International Association for Business Communicators)* se basa en tres principios: *la legalidad, la ética y el buen gusto de la comunicación profesional.*

A lo largo de doce artículos destacan la necesidad de que el profesional de las RR.PP. emita una comunicación honesta, verdadera y plural, promoviendo la libre circulación de información de acuerdo al interés público. Asimismo, se señala el compromiso con la verdad y la libertad de expresión, el respeto por las leyes, se alienta la corrección de los errores detectados, el respeto a los valores y creencias culturales, y se exige confidencialidad de la información a la que tienen acceso por su actividad.

Por su parte, la *Public Relations Society of America* (PRSA), en el preámbulo de su Código de Ética, establece que *"El valor de la reputación de los socios depende de la conducta ética de cada afiliado o afiliada de la PRSA. Cada uno de nosotros es un ejemplo para los demás, así como para otros profesionales, al procurar excelencia en nuestra labor con intensas normas de desempeño, profesionalismo y conducta ética".*

Los Valores Profesionales de los miembros de la PRSA son: Consejo, Honestidad, Experiencia, Independencia, Lealtad y Rectitud.

Dichos valores invitan a los miembros de la Sociedad a servir al interés público, ofreciendo una voz para un debate de ideas bien informado, adhiriéndose a los más altos estándares de exactitud y veracidad para los intereses de sus clientes y la comunicación con el público, al tiempo que generan un entendimiento mutuo en un universo de instituciones y organismos de todo tipo.

En el ámbito europeo, existe el Código de Deontología Profesional de las Relaciones Públicas, mejor conocido como el Código Lisboa, que refrenda los principios de otros reglamentos de ética ya mencionados, pero tiene el acierto de establecer ciertas obligaciones en las relaciones con respecto de los clientes y contratantes.

Entre estas obligaciones destaca la que dice que no se pueden hacer contratos con garantía de resultados cuantificados; la que indica que se tiene que evitar el imponer proveedores a los clientes, o que hay que advertir al contratante que algún encargo puede implicar una conducta contraria a los principios del código, destacando que el profesional debe respetarlo, independientemente de las consecuencias que de ello se deriven.

Asimismo, el Código Lisboa establece obligaciones claras con respecto a la opinión pública y los órganos de información, a los que se debe facilitar informaciones gratuitamente y sin contrapartida clandestina por su utilización o publicación. Por otro lado, permite conservar la iniciativa y el control de la difusión de una información, a través de la compra de espacio o tiempo, siempre de acuerdo con las especificaciones vertidas en el código.

Capítulo 3
El Ceremonial &
Relaciones Públicas

Las Relaciones Públicas. Origen. Definición

El origen de las Relaciones Públicas, en su sentido moderno, tuvo lugar en EE.UU., donde surgen como el estudio de las relaciones con los diferentes públicos con los que interactúa una organización. De ahí surge el nombre *"Public Relations"*.

En dicha denominación, *"Public"* hace referencias a públicos, como los grupos de personas y no al adjetivo calificativo del tipo de relación, en el sentido de público como distinto de privado.

Esta inexactitud en la traducción, que a simple vista parece poco significativa, ha generado muchas confusiones a la hora de comprender el rol del Relacionista Público.

Definición operativa de Relaciones Públicas

"Hoy en día podemos definir a las Relaciones Públicas como una disciplina científica que se relaciona y nutre de otras ciencias y que, a partir de un proceso integrativo, se propone posicionar una buena imagen institucional al vincular y generar valores comunes y compartidos entre una organización y los distintos públicos con los que interactúa". (Antonio E. Di Génova).

El concepto de Relaciones Públicas ha variado con el correr del tiempo, pero hoy su principio fundamental es que una organización existe no solo para provecho propio, sino para el de todos; y privilegia la necesidad de servir al público.

Las Relaciones Públicas, el Ceremonial y su vinculación con otras ciencias

Sociología

Esta ciencia estudia el comportamiento de los seres humanos en sociedad y tiene en cuenta dos hechos básicos: el primero es que la conducta de los seres humanos muestra pautas regulares y recurrentes; el segundo, es que las personas no son criaturas aisladas sino seres sociales.

La sociología da normas, fórmulas y soluciones que permiten mejorar las comunicaciones con el hombre-masa, que sigue pautas. Los cursos de acción están regidos, entre otras cosas, por principios culturales comunes. Las instituciones culturales perciben reglas de conducta determinadas, éstas se consideran apropiadas, legítimas y esperadas.

Es importante, para el experto en Relaciones Públicas y Ceremonial, el conocimiento de estas pautas, de lo que coincide o choca con las tendencias y hábitos, de lo que será admitido y asimilado o lo que molestará.

Las sociedades modernas son de carácter asociacional. Las relaciones sociales tienden a ser transitorias, superfluas e impersonales. El dominio de la tradición se ha resquebrajado y la relativa uniformidad de pensamiento ha sido reemplazada por la diversidad. La sociedad, al uniformar a los individuos, y al plantearles diversas exigencias, crea problemas psicológicos, reprimiendo y dirigiendo los deseos de alguno y de todos. Al plantear una campaña de Relaciones Públicas debe tomarse en cuenta las consecuencias sociológicas del funcionamiento de la cultura.

El manejo de conceptos tale como roles, status, prestigio, grupo, grupo de referencia y de pertenencia, dinámica grupal, al igual que la metodología de Investigación Social resulta imprescindible en el diseño de cualquier acción de Relaciones Públicas.

Psicología

Los públicos a los que se dirigen las Relaciones Públicas están formados por individuos que deben ser considerados unidades completas y únicas que pueden o no coincidir entre sí.

En las Relaciones Públicas y el Ceremonial resulta primordial conocer las inclinaciones humanas; por ejemplo, las ideas de una persona acerca de lo que le es agradable o desagradable.

Toda injusticia, aunque solo sea en la imaginación, crea profundos resentimientos; por eso, al tratar con seres humanos, hay que considerarlos en su individualidad y en su conjunto, con sus miedos y sus ideales, con sus tradiciones, con sus razones y sus sinrazones.

Motivación, personalidad y conducta son aspectos propios de la Psicología que están directamente vinculados con la tarea del Ceremonial de Relaciones Públicas.

Antropología

La Antropología es el estudio del origen, características y desarrollo de los grupos humanos como género biológico, y de las comunidades como creadoras de cultura.

La Antropología Social está más acotada en el estudio de los sistemas de parentesco, organización política, procedimientos legales y ritos religiosos.

Desarrolla reconstrucciones o comparaciones, atendiendo a la descripción y análisis de lo dado y orientada a la posibilidad de aplicación de los conocimientos para generar cambios culturales dirigidos a satisfacer necesidades de administraciones o gobiernos.

En lo que hace a la identidad, se mezclan con la mayor naturalidad las opciones filosóficas, ideológicas y culturales, con los análisis objetivos. El ser humano se mueve entre espejos y máscaras, como dice Claude Lévy-Strauss, entre lo real y lo imaginario, en busca de su identidad.

Cada uno es portador de diversas identidades. Yo soy yo, soy un grupo, una clase social, un pueblo, una cultura, una comunidad étnica o religiosa, una nación, una civilización.

Psicología Social

La Psicología Social intenta descubrir la articulación que existe entre individuo y sociedad, cosa no tan simple, porque una es constitutiva de la otra. No es posible concebir una sociedad sin personas, ni una persona sin sociedad. El hombre aislado es una abstracción. No existe de este modo en la realidad concreta, y es difícil de sostener como formulación teórica frente a los resultados de la investigación contemporánea.

Hablar de "sociedad" también resulta una abstracción. La sociedad es la resultante de la interacción de los sujetos individuales; es a partir de esta interacción que "la realidad social se construye y reconstruye".

La Psicología Social consiste en una forma particular de recortar la realidad, una selección específica de variables para el análisis. Parece legítimo que se circunscriba un fenómeno para poder estudiarlo, pero a condición de que se acepte la limitación de ésta perspectiva.

Estadística

La Estadística como técnica se refiere a los métodos que se aplican para recopilar, organizar, resumir, presentar y analizar datos numéricos, modalidades o cualidades relativas a un conjunto de individuos o hechos que se observan a los efectos de describir situaciones y extraer conclusiones basadas en los citados procedimientos.

La Estadística incluye en su definición los métodos científicos que, utilizando las matemáticas, la lógica y el cálculo de probabilidades como instrumentos, estudian el comportamiento de fenómenos cuyos resultados no están sometidos rigurosamente a una ley de invariabilidad, sino donde también actúa el azar y, sobre la base de leyes de comportamiento aleatorio o de probabilidad, predice e infiere resultados, facilitando la toma de decisiones sobre las características de las poblaciones y los procesos en estudio.

Semiología

Para definir la Semiología partimos de las posturas clásicas proporcionadas por los pioneros de esta ciencia: Ferdinand de Saussure (1857-1913) y Charles S. Pierce (1839-1914). El primero anunciaba, en su Curso de Lingüística general, que se puede concebir una ciencia que estudie la vida de los signos en el seno de la vida social. Ella nos enseñará en qué consisten los signos y cuáles son las leyes que los gobiernan.

Por su parte, Pierce, figura principal de pragmatismo norteamericano, concibe una teoría general de los signos, a la que llamará Semiótica; su aporte original ha sido el considerar una estructura dinámica entre las partes del signo.

Mientras Pierce vincula la Semiótica a una investigación esencialmente lógica, Saussure asocia el futuro de la Semiología a la renovación de la Lingüística; la lengua servirá de modelo, según él, para toda investigación sobre la vida de los signos.

Semiología y Semiótica dominan una misma disciplina, que adopta el primer nombre en el mundo europeo y el segundo, en los países anglosajones.

El investigador norteamericano Charles Morris se ocupa de estas cuestiones señalando las tres dimensiones propias del signo: la Semiótica –o relación entre el signo y lo que éste denota–, la sintáctica –o relación de los signos entre sí– y la pragmática –o relación entre los signos y aquellos que los utilizan.

El lingüista belga Eric Buyssens y el argentino José L. Prieto, continuadores de la obra saussureana consideran que el objeto de la Semiología es la Comunicación.

Para Roland Barthes reside en la significación, ampliando el campo de la investigación de la Semiología, incorporando una serie heterogénea de fenómenos sociales significativos que analiza, desde una perspectiva crítico-ideológica. Así, aporta elementos valiosos para el análisis de las comunicaciones de masas y en general para distintos tipos de textos sociales.

La influencia de la Semiología Saussureana aparece en la obra del antropólogo Claude Lévy-Strauss sobre el parentesco y el análisis de mitos de pueblos diferentes, definiendo al hombre como un conjunto de sistemas simbólicos.

Según Jacques Lacan, el inconsciente está estructurado como un lenguaje.

Tanto Lacan como Lévy-Strauss reconocen el papel precursor de la lingüística.

Si bien la Semiología se construye a través del lenguaje nos encontramos, en la actualidad, con una disciplina científica que ha sido capaz de redefinir su estrecha relación con la lingüística y manifestarse como una nueva manera independiente de acceder al estudio de los discursos sociales.

Relaciones Públicas, Ceremonial y Comunicación Empresarial

Las instituciones en general y las empresas en particular necesitan abordar sus comunicaciones de una forma integral, holística y como un recurso estratégico. La calidad de las comunicaciones y el valor percibido por los públicos se transforman en una clara ventaja competitiva.

Las comunicaciones integradas representan una nueva era en las comunicaciones, respetuosa, centrada en el diálogo y en el destinatario; dirigidas al punto más elevado del interés común, no al mínimo común denominador. Requieren de una nueva especie de ejecutivos que estén adiestrados en todas las disciplinas concomitantes.

La comunicación holística alude a la tendencia que permite entender los eventos desde el punto de vista de las múltiples interacciones que los caracterizan; corresponde a una actitud integradora como también a una teoría explicativa que orienta hacia una comprensión de los procesos, de los protagonistas y de sus contextos.

Una visión integradora y holística de nuestra profesión refiere a la manera de ver las cosas enteras, en su totalidad, en su conjunto, en su complejidad, pues de esta forma se pueden apreciar interacciones, particularidades y procesos que, por lo regular, no se perciben si se estudian los aspectos que conforman el todo por separado.

Las visiones dicotómicas, dialécticas y dualistas quedan aceptadas en nociones integradoras, las cuales propician una comprensión relacional de los procesos, independientemente de sus diversas manifestaciones.

Las comunicaciones integradas y holísticas se transforman en la herramienta por excelencia para alcanzar un posicionamiento e imagen institucional óptima.

Las Relaciones Públicas como Estrategia de Comunicación Persuasiva

La visión sistémica de la comunicación, nos plantea los efectos pragmáticos de la comunicación en la conducta humana.

Desde la perspectiva pragmática, toda conducta, y no solamente el habla, es comunicación, y toda comunicación, incluso los indicios comunicacionales de contextos impersonales, afecta a la conducta.

En este contexto, las Relaciones Públicas son más una teoría de la Información que una estrategia de Comunicación orientada a la persuasión.

Es por ello que en la Comunicación Persuasiva estudiamos –antes que los efectos– el mensaje, haciendo hincapié en los aspectos sintácticos y semánticos, los individuos que la emplean y su percepción de la coacción que ejerce el contexto sobre sus opciones de conducta.

Siguiendo los enunciados del Constructivismo y la Teoría de las Normas, somos los sujetos los creadores de nuestras propias versiones de la realidad y, por consiguiente, la mejor fuente de explicación de nuestras propias conductas.

La Comunicación Persuasiva es un medio por el cual las personas colaboramos unas con otras en la conformación de nuestras versiones de la realidad, privadas o compartidas. Entraña cambios recíprocos en actitudes y conductas. El grado de reciprocidad varía en relación con el potencial de realimentación que proporcione el contexto de interacción.

La elección de una estrategia eficiente de mensaje exige que los relacionistas públicos evaluemos el grado de percepción de la propia autonomía que poseen los sujetos a persuadir. Las personas suelen preferir que se las considere como coherentes, pertinentes y eficaces.

La Comunicación Persuasiva es uno de los medios para descubrir y demostrar la pertinencia de nuestras opciones de conducta.

La Comunicación Persuasiva es siempre una actividad consciente y es una forma de demostrar y de intentar modificar la conducta de, por lo menos, una persona mediante la interacción simbólica, aportando una lógica que haga razonable la aplicación de las normas preferibles.

El hecho de que la gente interprete los acontecimientos significa que nunca puede vivir directamente en la realidad. Creamos nuestra propia realidad, aplicando esquemas cognitivos. Estas asociaciones cognitivas toman la forma de constructos y de normas de conducta.

La norma, es una prescripción a seguir que señala cuáles son las conductas obligadas, preferibles o prohibidas en determinados contextos.

La información estimula la imaginación social y los imaginarios estimulan la información y, juntos, estos fenómenos ejercen el poder simbólico.

El discurso, en la comunicación persuasiva, es el resultado de la suma de un texto o enunciado y su situación de enunciación o situación comunicativa. Es decir, un discurso es lenguaje puesto en acción, un texto que ha adoptado una modalidad en una situación comunicativa en particular.

Los planos de lo real, lo simbólico y lo imaginario se cruzan y son interdependientes. La producción de la realidad social es una "experiencia colectiva", la sociedad "se produce a sí misma". En la producción de lo real se articulan las experiencias de lo simbólico y lo imaginario.

El imaginario, según Lacan, es el conjunto de imágenes de que se vale un grupo social para explicar, organizar, ordenar el mundo social, situarse y actuar en él.

Los sistemas simbólicos sobre los cuales se apoya y a través de los que trabaja la imaginación social se construyen sobre las experiencias, deseos, aspiraciones e intereses de los agentes sociales.

En síntesis, nuestro objetivo básico en la Comunicación es convertirnos en agentes efectivos; es decir, influir y ser influenciados por los demás, de tal modo que podamos transformarnos en agentes determinantes y sentirnos capaces, llegado el caso, de tomar decisiones. Nos comunicamos para influir y para afectar intencionalmente.

Imagen: Generalidades

La imagen es una representación mental y virtual. Es una toma de posición emotiva. Puede haber casos en que una razón lógica y material haya articulado una imagen positiva o negativa, pero esta razón se transforma en todos los casos en creencias y asociaciones; y la imagen configurada es siempre un hecho emocional.

Todo lo actuado por un individuo u organización articula, poco a poco, la imagen. Cualquier acto de comunicación construye la imagen por sumatoria de hechos percibidos. La imagen de la marca debe articularse para que ésta denote y connote la imagen que se desea. Para este fin se deben usar los atributos necesarios.

Es fundamental definir a priori la imagen que se desea lograr y ceñirse a esa definición, para evitar que la imagen se articule independientemente de las necesidades del producto.

Una vez lograda la imagen positiva que se definió a priori, esta permanece viva y activa en el receptor de los mensajes solamente si es estimulada, recordada y comunicada; debemos vigilar su evolución y desarrollo mediante investigaciones permanentes.

La imagen no es un hecho estático sino dinámico, que es afectado por otros hechos y acciones. Sufre el paso del tiempo y puede perder vigencia como símbolo de referencia.

Definición

Imagen es el conjunto de creencias y asociaciones que poseen los públicos que reciben comunicaciones directas o indirectas de personas, productos, servicios, marcas, empresas o instituciones.

La definición establece que las personas, los productos, los servicios, las marcas, las empresas y las instituciones generan imagen. Esto significa que todo ente de existencia real o ideal es generador de imagen. Todas las cosas generan una imagen, las cotidianas y también las que no conocemos, aunque sabemos que existen.

Hay hechos de comunicación planificados como tales (la forma de vestir, una marca, un aviso) y otros que comunican, aunque esta no sea su misión principal (el precio de un producto, la forma de expresarse, la opinión de un tercero).

Una imagen puede corresponder a la realidad o no. La imagen es el conjunto de creencias que cada persona tiene y de las asociaciones que efectúa; y estas son personales y propias de cada individuo.

Importancia de la imagen

La imagen es uno de los factores de mayor peso de la actitud final hacia un producto y, a veces, la imagen por sí sola configura la actitud. En otros casos, es un componente de la configuración de la actitud final.

En algunos productos, donde las diferencias con sus competidores no son apreciables a simple vista por el consumidor, la imagen es casi el único factor que influye en la toma de una actitud.

En el caso de empresas, la imagen desempeña un papel muy importante, ya que éstas son juzgadas por la imagen, porque el contacto con ellas es solo a través de los productos.

Algo similar ocurre con los personajes notorios que no se conocen personalmente. Todos tienen opiniones formadas sobre políticos, artistas, deportistas y cualquier otra persona que haya trascendido el ámbito cotidiano sin haber tratado jamás con ella. Sin embargo, se emiten juicios de valor sobre aspectos personales de ellos expresando solamente la imagen que tienen de los mismos.

Clasificación

La imagen, de acuerdo a quien la genera, puede clasificarse en:

▶ **Imagen Personal**: es la que se articula sobre personas. El accionar de estas articula una imagen en la gente que está en contacto con ellas. A veces esta imagen es involuntaria, no está elaborada conscientemente por el emisor, pero en otros casos sucede todo lo contrario. Las personas públicas tratan siempre de articular en el público objetivo la imagen más positiva. Estas imágenes deben adecuarse a las expectativas del público elegido. Lo que esperan los jóvenes de la imagen de un cantante es lo opuesto a lo que espera un hombre maduro de su médico. Las imágenes personales, como cualquiera de las otras, deben ser elaboradas y definidas previamente para implementar las acciones estratégicas adecuadas para lograrlas.

▶ **Imagen de Producto**: son las creencias y asociaciones que se tienen de un producto genérico. El pan, el vino, el arroz, etc., tienen una imagen propia y perfectamente definida independientemente de la que puedan tener determinadas marcas. Esta imagen de producto no es una imagen determinada: es el resultado de las creencias y asociaciones que las personas fueron elaborando durante años y de las que se transmiten de generación en generación. El pan, por ejemplo, tiene varios significados incluidos en su imagen, cuyos valores varían según la época y la circunstancia. Así, la connotación de alimento básico que tiene el pan fue perdiendo preponderancia a través de los años. La cantidad y variedad de otros alimentos y los cuestionamientos dietéticos sufridos por el pan han hecho retroceder su condición de alimento en la escala de valores de su imagen.

▶ **Imagen de Marca:** es esta la imagen que, de una marca determinada, articula el público, sea consumidor o no del producto de esa marca. En este caso, la imagen debe ser definida a priori, antes del lanzamiento del producto, y luego articulada con acciones estratégicas que respondan a un plan bien estructurado. Lamentablemente muchas veces la realidad no concuerda con esta afirmación.

▶ **Imagen Institucional:** es la imagen que la empresa como entidad articula en las personas. Suele llamarse también imagen corporativa o de empresa.
La imagen institucional engloba y supera a las anteriores, puesto que una acción u omisión de cualquier organización contribuye a la conformación de una buena o mala imagen institucional.

Articulación y componentes de la Imagen

Los hechos de comunicación tienen tres orígenes básicos: primero, un agente físico, real, palpable, que comunica por sus componentes formales; segundo, una acción de comunicación planificada que transmite conceptos, y tercero, un área valorativa. Por eso se dice que toda imagen se genera a partir de tres componentes: los físicos, los conceptuales y los valorativos. Esto lleva a definir una imagen física y una conceptual que, actuando juntas, generan la imagen personal, de producto, de marca, de empresa o institucional.

Por eso, cuando se quiere articular una imagen correctamente, es necesario planificar, crear e implementar una imagen física y una imagen conceptual. El área valorativa de la imagen es una instancia propia de cada uno de los destinatarios de la comunicación.

La imagen física

La imagen física, también llamada imagen formal, es la que articulan en los públicos los objetos físicos, sean éstos comunicaciones directas o hechos comunicadores. La vestimenta de una persona, la forma del envase de un producto, el color o el estuche de un producto, y muchos hechos más, son entes generadores de imagen. El hecho físico es percibido de inmediato y en ese momento se transforma en un comunicador.

Todos los hechos y actos personales o empresarios generan elementos que contribuyen a articular la imagen. Estos hechos comunican y de esa comunicación se generan creencias y asociaciones que contribuyen a articular la imagen, por eso a la hora de planificar la construcción de la imagen física, estos hechos deben tenerse en cuenta.

La imagen conceptual

Se denomina imagen conceptual a la que articula los hechos de comunicación que brinda al público conceptos acerca de las personas, la marca, la empresa, el servicio o la institución.

Los hechos de comunicación tienen también un componente físico que genera imagen, pero más importante es el concepto que comunican, lo que propone el mensaje, ya que los hechos formales son olvidados y el concepto perdura como el fundamento de la comunicación.

La imagen conceptual no solo se articula a partir de las comunicaciones directas. Como en el caso de la imagen física, la generan las comunicaciones directas, las planeadas como tales, y las indirectas, aquellos hechos que tienen una finalidad distinta de la de comunicar, y que sin embargo, son comunicadores.

Cualquier pieza publicitaria, cualquier acto promocional, o de *merchandising*. o de relaciones públicas son ejemplos de comunicaciones directas.

En cambio, la manera que responde un servicio técnico, o el trato que se recibe de un empleado –favorable o adverso–, de un minorista, o el precio, o la buena o mala distribución del producto son ejemplos de comunicaciones indirectas porque, aunque no son específicamente hechos de comunicación, son hechos que comunican.

La valoración de la imagen

Esta tercera esfera que compone la imagen refiere a la valoración que el individuo o la sociedad hacen, tanto de los aspectos físicos como conceptuales.

Dicha valoración debe ser considerada como el factor motivacional de la conducta humana.

Es una valoración de uso, pues define la capacidad de un objeto (producto, servicio, empresa, institución) para proveer la satisfacción de determinadas necesidades, cualitativas y concretas.

Esta red de significaciones establece el modo de ver la realidad, el hombre, los hechos y las acciones.

El componente valorativo nos permite introducir una dimensión crítica en la recepción pasiva de los mensajes.

Detrás de lo aparente hay un inventario de sistema de connotación que define la naturaleza de lo percibido.

Articulación de una buena imagen

Todas las personas, productos, marcas, servicios, empresas e instituciones articulan inexorablemente una imagen. El hecho de existir hace que ella genere comunicaciones directas o indirectas, y esas comunicaciones articulan una imagen.

A veces se articula una buena imagen, y otras veces la imagen lograda es totalmente negativa.

Identidad e imagen[1]

La identidad institucional es resultado de la historia, valores, filosofía, ritos, mitos, búsquedas, nacionalidad de los propietarios, héroes de la organización y estrategias observadas.

La identidad institucional no puede cambiarse con facilidad y evoluciona paulatinamente.

La imagen institucional debe derivar naturalmente de la identidad institucional.

Las acciones comunicativas de la institución, tanto voluntarias como involuntarias, definen la imagen institucional ante los distintos públicos.

La identidad debe comunicarse correctamente a cada uno de los públicos que se relacionan con la institución (internos, externos, mixtos).

Identidad y estrategia

Identidad y estrategia son dos conceptos estrechamente relacionados.

Un programa de identidad institucional comprende: el análisis del sector, posicionamiento, imagen institucional, auditoría de comunicaciones, objetivos, desarrollo y seguimiento.

► La única constante en el comportamiento de los públicos es el cambio.

► Cada empresa es especial. Cada caso es diferente.

---

1 Di Génova Antonio Ezequiel. 2016. *Manual de Relaciones Públicas e Institucionales. Estrategias y tácticas relacionales y de comunicación.* Buenos Aires. Ugerman Editor. Segunda Edición.

- ▶ Las estrategias nos obligan a instalarnos en una perspectiva a largo plazo.

- ▶ Para elaborar planes, acciones y programas, es indispensable conocer perfectamente el entorno.

- ▶ Toda empresa debe conocer los recursos con que cuenta.

- ▶ La memoria de las organizaciones es determinante en su desarrollo.

- ▶ El aprendizaje de una institución es el resultado de la adecuada administración de sus recursos informativos.

- ▶ Al evolucionar un sector, se modifican necesariamente sus estrategias.

- ▶ La identidad de una organización incide sobre sus objetivos y estrategias.

- ▶ Cinco fuerzas competitivas determinan la rentabilidad de un sector: competidores reales, competidores potenciales, proveedores, compradores, nuevos productos.

- ▶ La indecisión inevitablemente conduce al fracaso.

- ▶ La estrategia exige un compromiso total.

Establecer la identidad

Aunque una estrategia puede guiar el rumbo de una organización, solo resultará efectiva si la organización es gestionada correctamente.

Para proceder a analizar la identidad de una institución, deberán reunirse los documentos que forman parte de su literatura institucional: informe anual, manual de procedimientos, manual de conducta, manual de identidad gráfico-institucional, etc.

Además, es necesario emprender un exhaustivo reconocimiento de sus prácticas, entrevistando a los principales públicos con los que interactúa la institución (públicos internos, externos, mixtos).

El exitoso trabajo del consultor, en buena medida, depende del apoyo otorgado por la alta dirección de la institución.

La titularidad de una empresa afecta siempre su identidad.

La nacionalidad determina formas culturales, prácticas y valores.

Un cambio en la titularidad de la empresa altera significativamente la identidad institucional.

Introducir nuevos valores y prioridades gesta una nueva cultura institucional.

En una fusión, la institución de menores dimensiones puede sentirse invadida o conquistada.

La corporación "conquistadora" deberá ser sensible a las culturas y los valores de las instituciones adquiridas. Los productos y las prácticas habituales afectan la identidad institucional.

La estructura organizativa repercute sobre la identidad.

Toda organización dispone, de manera implícita o explícita, de un conjunto de valores que determinan su manera de pensar y que norman su actuación.

Cuando una organización enfrenta condiciones desfavorables, puede buscar seguridad en su sistema de valores.

La coherencia de una organización la establece el arraigo a sus valores.

La verdadera diferencia entre el éxito y el fracaso de una empresa está en la forma en la que estimulan la energía y el talento de su gente.

La edición de una revista interna no garantiza que el sistema de creencias institucionales será comprendido y compartido por el personal.

Las ideas tienen que verse en acción y con ejemplos. La gente responde a lo que ve y oye, no a lo que escribe la dirección.

La mejor tecnología carece de valor si no está en manos de trabajadores motivados y capacitados.

Ciertas empresas fundamentan su principal ventaja competitiva en su misma cultura institucional.

Comprender los valores de una organización es indispensable para entender su identidad.

Auditoría

En una primera etapa se deben evaluar la lógica y congruencia de todas las formas de comunicación internas y externas.

En una segunda etapa se conocerán las percepciones de los públicos con los que interviene la organización.

La auditoría de comunicaciones se inicia recolectando todas las formas de comunicación impresa y visual de una organización, incluyendo: memoria anual, folletos descriptivos de productos, cartas membretadas, publicidad, etc.

En instituciones pequeñas es lógico encontrar mayor uniformidad en sus acciones comunicativas.

Para proceder a realizar una auditoría de comunicaciones, en primer lugar deben agruparse verticalmente los mensajes de cada producto. Nos interesa analizar si existe congruencia en las acciones comunicativas.

En segundo lugar, el agrupamiento deberá hacerse horizontalmente. Así evaluaremos los mensajes en cada uno de los medios de comunicación que emplean.

Esta auditoría nos permitirá establecer si existe uniformidad en la presentación gráfica e identificar si el estilo es el apropiado.

Matriz de Comunicaciones

Para evaluar las comunicaciones internas es indispensable analizar las publicaciones de los empleados (tanto las oficiales como las informales), así como la información que se coloca en tableros.

Además, es necesario establecer si se transmite correctamente la identidad y la estrategia institucional en los anuncios públicos, conferencias, seminarios y eventos.

También deberán evaluarse las prácticas comunicativas más elementales, como la manera de contestar el teléfono, la forma en la que actúan los vendedores, la indumentaria del personal.

La mayor dificultad radica en establecer la escala de incomunicación institucional.

El ambiente y los edificios mismos de una institución desempeñan un papel muy importante en el proceso de comunicaciones. La presentación de los productos, su ubicación y el ambiente del local transmiten mensajes muy significativos de la realidad de una compañía.

La auditoría de comunicaciones no solo se ocupa de la función de diseño, sino de la calidad e importancia de todas las formas de comunicación institucional.

Una vez evaluados los retos a los que una institución habrá de enfrentarse, será necesario establecer las fortalezas y debilidades de la imagen de una institución.

Es indispensable establecer la situación que se observa ante los distintos públicos con el propósito de conocer si el sistema de percepciones vigente contribuye a alcanzar los objetivos institucionales.

Entre los principales públicos se encuentran: el gobierno, los proveedores, la competencia, nuestros clientes o simpatizantes, los medios de comunicación, los grupos de presión, comunidad local, inversionistas, etc.

El reconocimiento de la situación imagen-punto de partida suele tomar considerable tiempo.

La mayor parte de los conceptos estratégicos de una organización no suelen acceder a la mente de los empleados que tienen un trato inmediato con el público.

El público interno es el más importante al establecer un programa de identidad institucional.

Es mejor abusar de las comunicaciones que reducirlas al mínimo.

Los empleados pueden entender la estrategia institucional y considerarla incompatible con su visión.

Pueden compartirla y comprenderla, careciendo de los medios idóneos para ponerla en práctica.

Otra posibilidad es que ni siquiera se les haya comunicado la estrategia.

La situación óptima se presenta cuando los empleados entienden la estrategia, la comparten y pueden aplicarla.

El ambiente institucional debe estimular la expresión de ideas. Esto supone la presencia de una cultura que le concede la debida importancia a las opiniones personales.

La institución debe contar con buzones para sugerencias, círculos de calidad, reuniones y comités que faciliten el flujo de las comunicaciones.

Muchos directivos se consideran a sí mismos como "excelentes comunicadores" pero en realidad no tienen la menor idea de lo que de ellos piensan sus empleados.

Es indispensable acceder a los consumidores, identificar tendencias, prevenir cambios, averiguar si entienden lo que la institución representa.

Uno de los públicos más importantes es la comunidad financiera, ante la que hay que desarrollar amplios programas de relaciones públicas.

De las buenas relaciones con los proveedores suele depender la misma competitividad de las instituciones.

Ante el gobierno, es indispensable articular un detallado programa de relaciones públicas. Políticos y funcionarios públicos pueden incidir positiva o negativamente en el desarrollo de una institución.

La labor del "lobbysta" profesional consiste en desarrollar un favorable clima de aceptación en los círculos oficiales.

Es indispensable identificar a los grupos de presión y desarrollar las estrategias pertinentes para desarrollar buenas relaciones con ellos (rotarios, ecologistas, agrupaciones cívicas o vecinales, etc.).

Otro de los públicos más importantes es la comunidad local.

Un público sumamente delicado lo representan los medios de comunicación.

La percepción de la imagen institucional puede variar significativamente entre todos estos públicos.

Una vez que se ha realizado el análisis de la imagen punto de partida de una institución, se podrá establecer si coinciden la imagen y la realidad; si la imagen es incluso mejor que la realidad (aunque una imagen positiva pueda favorecer a una institución durante un breve periodo, sus verdaderos problemas tarde o temprano aparecerán); o si la realidad es mejor que la imagen.

Capítulo 4
Plan Estratégico Integral de Ceremonial, Comunicación y Relaciones Públicas

Principales funciones integradas de Ceremonial, Comunicación y Relaciones Públicas

Las acciones especializadas del área de Ceremonial de Relaciones Públicas, en empresas e instituciones públicas y privadas, están vinculadas con la realización de una serie de actividades, entre las cuales cabe destacar:

- ▶ Misión, Visión y Valores sobre los que se sostiene el accionar de la organización.

- ▶ Principios éticos que rigen la organización. Conductas exigibles y preferentes.

- ▶ Clasificación y política de relacionamiento con grupos de interés internos y externos.

- ▶ Relación con públicos especiales: accionistas, medios, gobierno, ONG, comunidad, etc.

- ▶ Adecuación de procedimientos de acuerdo a Pactos a los que se adhiere, por ejemplo el Pacto Global de Naciones Unidas.

- ▶ Procederes requeridos por normas de calidad certificadas por la organización.

- ▶ Manual de estilo y modelos de textos.

- ▶ Canales de comunicación y tratamiento de conflictos.

► Clasificación de los actos de la empresa, tanto propios como los organizados por terceros, y prescripción de la forma de actuar.

► Nómina de las personas que se desempeñan en la institución y descripción de las tareas que efectúan.

► Descripción gráfica de las funciones que se desarrollan en la empresa a través de un organigrama.

► Definición de las precedencias generales en la empresa o institución.

► Tratamiento de las visitas y autoridades.

► Tratamiento de la Bandera Nacional y los símbolos Patrios y los propios de una empresa o institución.

► Protocolo general y logística para los actos programados.

► Elementos auxiliares necesarios para los diferentes actos y necesidades organizativas.

► Intercambios protocolares y reconocimientos.

► Fechas significativas de la empresa o institución en cuestión.

► Política de presentes y regalos empresariales.

► Formas preferentes de relacionamiento interno y externo.

► Grado de formalidad requerido en cuanto a la vestimenta del personal de la empresa de acuerdo con las funciones que se realizaren.

► Convenciones para público interno: informativas, motivadoras, constituyentes o aprobatorias.

► Listado de proveedores registrados. Modalidad y canales para contactarlos.

► Servicios disponibles para clientes internos y externos.

► Realización de informes de prensa internos orientados a directivos.

► Modalidad de las audiencias.

► Firma de documentos.

Para llevar adelante estas acciones y otras pertinentes, es necesario el diseño de un Plan Estratégico que le otorgue sustentabilidad y razonabilidad.

Plan Estratégico

El plan estratégico es un programa de actuación que consiste en aclarar lo que pretendemos conseguir y cómo nos proponemos conseguirlo. Esta programación se plasma en un documento de consenso, en este caso de diez puntos, en el que se concentrarán las grandes decisiones y acciones que van a orientar la gestión.

Los 10 pasos del Plan Estratégico[1]

1. Información
2. Necesidades
3. Diagnóstico
4. Opciones
5. Objetivos
6. Recursos
7. Programación
8. Logística
9. Control y medición
10. Evaluación

1. Información

La investigación en búsqueda de información es el primer paso del proceso.

A partir de información relevante buscamos conocer la realidad de la institución o empresa para la que trabajamos.

Tiene por objetivo definir la imagen de la organización, las actitudes de los públicos respecto a ella así como los puntos fuertes y débiles en materia de comunicación.

Se recaba información, entre otros puntos clave, sobre:

La satisfacción al cliente. Imagen de empresa. Satisfacción del empleado. Relación entre el público interno y el público externo. Modalidad de atención al cliente. Problemas de comunicación con otras organizaciones,

---

1   Di Génova, Antonio Ezequiel. *Manual de Relaciones Públicas e Institucionales. Estrategias de comunicación y tácticas relacionales*. Ugerman Editor. Buenos Aires. 2012.

gobierno y entidades. Problemas de comunicación por rumores. Problemas de comunicación ascendente y descendente. Imagen del producto. Posicionamiento psicológico.

La investigación se realiza mediante métodos y procesos científicos.

Se obtienen datos objetivos que permiten conocer el problema o a la organización misma para, a partir de esos datos, poder establecer objetivos de acción, y en función de estos objetivos tomar decisiones. La intuición siempre debería quedar de lado.

Herramientas básicas que se utilizan en la búsqueda de información

Observación: si bien técnicamente la observación debe ser considerada como una técnica precientífica, no por ello deja de ser una excelente herramienta de recolección de datos. La observación puede ser de tipo participante o no participante, dependiendo de si la observación que se está implementando es conocida por el grupo o sector observado o si no lo es. Ambas pueden revelar información significativa. La primera, a partir de la introducción de estímulos o la formulación de consignas a los públicos afectados para registrar las reacciones y consecuencias de las dinámicas implementadas; la segunda, permite registrar las conductas de los públicos observados en su estado natural, sin la influencia de saberse analizado.

Análisis de Contenido, del discurso y de los canales de comunicación: Análisis de Contenido es una metodología de las disciplinas sociales y de la bibliometría que se enfoca en el estudio de los contenidos de la comunicación. Earl K. Babbie (2004) en su libro *Fundamentos de la Investigación Social* lo define como el estudio de las comunicaciones humanas materializadas tales como los libros, los sitios web, las pinturas y las leyes. Por extensión, se podrían agregar todos aquellos otros registros que den cuenta de qué se dice en el ámbito de una institución. El Análisis de Contenido parte del principio de que examinando textos es posible conocer no solo su significado, sino información respecto a su modo de producción. Es decir, trata los textos no solo como signos dotados de un significado conocido por su emisor, sino como indicios que dicen sobre ese mismo emisor. Como una evolución del análisis de contenido surgió el Análisis del Discurso. Se tiende a considerar que el Análisis de Contenido usa técnicas cuantitativas y el Análisis del Discurso técnicas cualitativas, si bien la diferencia actual es que las técnicas de Análisis de Contenido se aplican con el auxilio informático, llegando a estar automatizadas, mientras que las técnicas de Análisis del Discurso requieren de la actuación del analista por ser más interpretativas. El estudio de los medios y canales por los que fluye la producción de contenidos permite análisis de la pertinencia, actualización, diseño, costos, entre otras cosas, de los medios seleccionados para emitir mensajes corporativos.

Censo: se denomina censo al recuento de individuos que conforman una población estadística, definida como un conjunto de elementos de referencia sobre el que se realizan las observaciones. El censo de una población estadística consiste, básicamente, en obtener el número total de individuos mediante las más diversas técnicas de recuento. El censo es una de las operaciones estadísticas que no trabaja sobre una muestra, sino sobre la población total. En un censo se aplica un cuestionario de recolección de datos a todas las unidades de análisis que conforman el universo de estudio. En el instrumento con el que se recolectarán los datos se pueden incluir preguntas que den respuesta a la amplitud de las variables que se estuvieren investigando.

Encuesta: una encuesta es un conjunto de preguntas normalizadas dirigidas a una muestra representativa de la población o instituciones, con el fin de conocer estados de opinión o hechos específicos. Las encuestas tienen por objetivo obtener información estadística indefinida, mientras que los censos y registros vitales de población son de mayor alcance y extensión. Las encuestas pueden ser:

Cuantitativas: mide la cantidad (medición numérica). Se utilizan preguntas cerradas o abiertas en abanico, con diversas categorías de valoración.

Cualitativas: se utilizan opciones con preguntas abiertas. Se miden las cualidades. Se pide a las unidades de análisis que aporten datos o se ubiquen dentro de escalas de opinión.

Sondeo de opinión: mediciones que se realizan por medio de muestreos y que, usualmente, están diseñados para representar las opiniones de una población, llevando a cabo una serie de preguntas y, luego, extrapolando generalidades en proporción o dentro de un intervalo de confianza.

Auditoría de imagen: instrumento para evaluar la imagen corporativa. Toda empresa debe evaluar su imagen corporativa ante los distintos públicos con quienes tiene relación permanente. No se puede diseñar o redactar un plan estratégico anual si antes no sabemos cómo nos están percibiendo nuestras distintas audiencias específicas. Una auditoría de imagen debe plantearse de manera integrada, de tal manera que sirva para hacer una evaluación de todos los aspectos que conforman la imagen, que son igualmente importantes, como ser el valor de sus marcas, el servicio al cliente, la reputación financiera, la opinión que los empleados tienen y que proyectan al exterior, para solo citar algunas variables.

Entrevista: la entrevista es una forma de conversación, no de interrogación, a través de la cual se pueden conocer datos que no están disponibles en ningún otra forma. Se abordan tópicos cualitativos y cuantitativos de la información importante. La información cualitativa está relacionada con opinión, política y descripciones narrativas de actividades o problemas, mientras que las descripciones cuantitativas tratan con números, frecuencias, o cantidades. A menudo las entrevistas pueden ser la mejor fuente de información cualitativa, los otros métodos tienden a ser más útiles al recabar datos cuantitativos.

Son valiosas las opiniones, comentarios, ideas o sugerencias con relación a cómo se podría hacer el trabajo; las entrevistas a veces son la mejor forma para conocer las actividades de las empresas. Las entrevistas pueden descubrir rápidamente malos entendidos, falsas expectativas o incluso resistencia potencial para las aplicaciones de desarrollo; más aún, a menudo es más fácil calendarizar una entrevista con los gerentes de alto nivel, que pedirles que completen un cuestionario. La estructura de la entrevista varía. Si el objetivo de la entrevista radica en adquirir información general, es conveniente elaborar una serie de preguntas sin estructura, con una sesión de preguntas y respuestas libres. Las entrevistas estructuradas utilizan preguntas estandarizadas. El formato de respuestas para las preguntas puede ser abierto o cerrado; las preguntas para respuestas abiertas permiten a los entrevistados dar cualquier respuesta que parezca apropiada. Pueden contestar por completo con sus propias palabras. Con las preguntas para respuestas cerradas se proporciona al usuario un conjunto de respuestas que se pueda seleccionar. Todas las personas que responden se basan en un mismo conjunto de posibles respuestas.

2. Necesidades

Las necesidades que se detectaren, a partir de las herramientas de investigación implementadas, pueden ser de carácter interno o externo. Las necesidades representan carencias significativas que se traducen en situaciones problemáticas o funcionales que habrá que resolver en el tiempo y que pueden ser tanto manifiestas como latentes. Se trata de identificar los principales tópicos en los que se deberá centrar la acción de nuestro plan, constituyéndose en verdaderas cuestiones de gestión o *"Issues Management"*.

El siguiente cuadro muestra cuál es el proceso más simple que sigue la satisfacción de una necesidad.

NECESIDAD (Privación)	→	IMPULSO (Tensiones o impulsos para satisfacer una necesidad)
↑		↓
SATISFACCIÓN (Disminución del impulso y satisfacción de la necesidad original)	←	ACCIONES (Conductas dirigidas hacia una meta)

Necesidades y Motivación

En el ámbito organizacional, la motivación suele definirse como la voluntad que tienen las personas para realizar esfuerzos hacia las metas de las empresas satisfaciendo, al mismo tiempo, sus necesidades individuales.

Algunos lo hacen solo por el dinero. Otros, por vocación de servicio. También están los que buscan nuevos desafíos. Conocer las razones de los colaboradores es el primer paso para motivarlos y desatar todo su potencial.

La motivación ha despertado el interés de muchos especialistas en comportamiento humano en las organizaciones.

Ninguna teoría puede por sí sola brindar todas las respuestas a las necesidades de los directivos de motivar a sus colaboradores.

Todos los enfoques han contribuido a comprender la compleja naturaleza de la motivación y a crear los sistemas de reconocimiento que utilizan las organizaciones de nuestros días.

Entre los enfoques tradicionales podemos incluir la Teoría de las Jerarquías de las necesidades de Abraham Maslow, la de la Higiene de Frederick Herzberg y la de la Existencia-Relación-Crecimiento expuesta por Clayton Alderfer y David C. Mc Clelland.

Entre las doctrinas contemporáneas, las más influyentes han sido la teoría de la Expectativa de Víctor Vroom, la teoría de la motivación y fijación de objetivos, de Edwin Locke & Gary Latham.

Teoría de las Expectativas de Víctor H. Vroom

Esta teoría afirma que una persona tiende a actuar de cierta manera con base en la expectativa de que, después del hecho, se presentará un resultado atractivo para el individuo.

Esta teoría incluye tres elementos o variables:

1. Expectativa: es el vínculo entre el esfuerzo y el desempeño y se refiere a la probabilidad percibida por el individuo de que su esfuerzo le permitirá alcanzar un nivel de desempeño deseado.

2. Fuerza: es el vínculo entre el desempeño y la recompensa, el grado en que el individuo cree que desempeñarse a un nivel en particular, es el medio para lograr el resultado deseado.

3. Valencia: es lo atractivo que puede resultar la recompensa, la importancia que el individuo dé al resultado o recompensa potencial que se puede lograr en el trabajo.

En otras palabras, esta teoría nos dice que la tendencia para actuar en cierta forma, depende de qué tanto la persona esté convencida de que sus acciones lo conducirán a lograr cierto resultado y también de qué tan atractivo sea este resultado para ella. La lógica de la teoría supone que toda persona se esforzará en su desempeño para lograr obtener aquello que desea, siempre y cuando piense que es posible lograrlo.

La motivación es producto del valor que el individuo pone en los posibles resultados de sus acciones y la expectativa de que sus metas se cumplan.

La importancia de esta teoría es la insistencia que hace en la individualidad y la variabilidad de las fuerzas motivadoras; la fuerza es la fortaleza de la motivación de una persona

Teoría de la motivación y fijación de objetivos, de Edwin Locke y Gary Latham

La investigación de la teoría de la motivación y fijación de objetivos del Dr. Edwin A. Locke es considerada una de las teorías gerenciales. Las pequeñas empresas pueden aprender mucho de los principios de la teoría de la motivación y el establecimiento de metas. Sin los objetivos más básicos, los empleados no se presentan a trabajar o tienen un propósito en mantener un trabajo. El equipo de dirección que ayuda a los empleados a establecer objetivos más complejos y eficaces podría mejorar el rendimiento y las ganancias más allá de sus expectativas más increíbles.

Principios básicos

Los puntos clave que Locke y Latham hicieron fue que los objetivos de motivación eran necesarios para tener las siguientes dimensiones: claridad, desafío, compromiso, retroalimentación y complejidad. Los objetivos deben ser claros y medibles, tales como: mi objetivo es reducir el tiempo de inactividad de mantenimiento en un 15 por ciento.

En segundo lugar, las metas deben ser desafiantes, con logros como la recompensa final.

En tercer lugar, los empleados deben sentirse parte del proceso de fijación de objetivos para estar comprometidos con un objetivo claramente relevante. A continuación, debe haber un programa que incluya los informes de retroalimentación, el reconocimiento y el progreso. Por último, la tarea debe ser compleja, pero no abrumadora, con el tiempo suficiente y los recursos disponibles.

Aplicación práctica

Durante sus primeros días en la empresa, los nuevos empleados se reúnen con la administración para discutir las expectativas de empleo, habilidades y aspiraciones. Todos los empleados interactuarán con los directores para informes periódicos de su progreso. Su desempeño es evaluado y se le pide sugerencias sobre la mejora de procesos. Ellos observan ofertas de trabajos futuros que puedan adaptarse a la empresa y a la agenda de la persona. Los empleados son frecuentemente entrenados en otras divisiones y se les ofrece diferentes posiciones o promociones. En otras palabras, los empleados siempre están siendo desafiados con tareas complejas y se les anima con un comentario claro.

Observaciones

Todavía hay algunas limitaciones a la motivación y la teoría de la fijación de objetivos, admiten Latham y Locke. Por ejemplo, se dice que los objetivos de la organización no siempre son los mismos que los objetivos del individuo. Tal vez el objetivo de la compañía es conseguir trabajadores capacitados en nuevos protocolos de seguridad. Sin embargo, la recompensa del director depende de los resultados financieros de la compañía, y no del empleado que está codiciando los procedimientos de seguridad. Por lo tanto, el gerente no puede estar motivado a quitar a los empleados lejos de sus tareas para completar la formación. Otra limitación es que las metas de aprendizaje no siempre fomentan el interés y los objetivos de interés no siempre facilitan el aprendizaje. También existe el problema de que los individuos están más tentados a tomar acciones riesgosas en la búsqueda de sus objetivos, lo que podría llevar más al fracaso que al éxito.

3. Diagnóstico

En función del análisis de los datos recolectados a través de las distintas fuentes de información y las necesidades detectadas, estaremos en condiciones de establecer un diagnóstico de situación actual, que actuará como plataforma de lanzamiento de las futuras acciones que se planificaren.

Un diagnóstico es un documento en formas de *brief* que contiene información relevante sobre: la empresa o institución (composición, trayectoria, reputación, etc.), la naturaleza de los negocios o servicios que brinda, los públicos a los que se dirige, su posición actual en el mercado y el posicionamiento al que aspira, su imagen institucional, la calidad y alcance de los programas concernientes al área de comunicación en ejercicio y previstos hacia futuro, los principales recursos humanos, tecnológicos, de infraestructura y financieros de los que dispone.

Según el diccionario de la Real Academia Española, la palabra diagnóstico proviene del griego "diagnosis", que significa "conocimiento". En el mundo de las empresas, cuando se habla de diagnóstico se hace referencia a aquellas actividades tendientes a conocer el estado actual de una empresa y los obstáculos que impiden obtener los resultados deseados.

El diagnóstico es una herramienta de análisis estratégico que permite analizar elementos internos o externos de programas y proyectos. Es una herramienta simple y generalizada que facilita la toma de decisiones estratégicas.

Su objetivo es ayudar a una institución, organización o empresa a encontrar sus factores estratégicos críticos, para usarlos, una vez identificados, apoyando en ellos los cambios organizacionales: consolidando "fortalezas", minimizando "debilidades", aprovechando las "oportunidades", y reduciendo las "amenazas".

4. Opciones

Las opciones estratégicas representan las alternativas que se nos presentan para definir qué debemos hacer y por qué. Es la resultante o corolario del proceso de interpretación de la información recolectada. La decisión final debe tomarse en virtud de los parámetros críticos de eficiencia que aplican a la situación particular de la empresa o institución.

Una estrategia determina los hechos y acciones fundamentales, vitales, y en torno de los que se va a encolumnar la organización. A partir de ella sabremos qué es conveniente hacer, con qué recursos económicos y en qué momento.

Las decisiones de este orden se toman por parte de los accionistas de una empresa atendiendo, en general, a las recomendaciones de los altos mandos ejecutivos.

5. Objetivos

Un objetivo es un elemento programático que identifica la finalidad hacia la cual deben dirigirse los recursos y esfuerzos para dar cumplimiento a los propósitos que se correspondan con el diagnóstico de situación elaborado. Los objetivos resultan ser el corolario del proceso de investigación y actúan como nexo direccional del posterior proceso de planificación.

Todo objetivo representa una proposición que debe reunir tres características mínimas:

1. Intención: representa aquello que nos proponemos hacer o alcanzar. Debe tratarse de una intención creíble, posible y realizable.

2. Proporción o medida: forma de cuantificar la intención.

3. Plazo: límite de tiempo. En Relaciones Públicas se trabaja en la prosecución de objetivos de corto plazo (un año), de mediano plazo (de dos a tres años) y de largo plazo (más de tres años).

Los objetivos deben ser significativos, razonables y cuantificables[2]. Es decir, deben tener valor para la organización, deben estar alineados con la capacidad logística y operativa de la empresa, y deben ser mensurables.

Actualmente, en el mundo hay tres clases de objetivos esperados en el despliegue de una estrategia comunicativa: Productos, Efectos y Resultados de negocio. Sin embargo, no siempre es necesario establecer objetivos para cada tipo de resultado, pues solo deben involucrarse para los parámetros relevantes de un determinado proyecto o actividad.

---

2   Forrest Anderson, Linda Hadley, David Rockland y Mark Weiner. *Guidelines for Setting Measurable Public Relations Objectives*. Institute for Public Relations.

Productos o Salidas (*outputs*): los resultados visibles de la gestión comunicativa son a menudo los comunicados de prensa, los eventos especiales, los medios propios de la organización.

Efectos (*outcomes*): los impactos directos de la gestión comunicativa están ligados a un mayor conocimiento de la empresa o sus productos, a la comprensión, las actitudes, las preferencias y el comportamiento.

Los resultados del negocio (*outflows*): están ligados al impacto que la gestión comunicativa tiene en el desempeño de la organización, lo cual puede estar ligado al precio de las acciones, a la mayor cantidad de usuarios o afiliaciones, entre otros aspectos. Este es un tema sobre el cual hay mucho que decir, ya que hay criterios que no se aplican a todo tipo de organizaciones, sobre todo en el caso de las gubernamentales o sociales.

6. Recursos

Para culminar esta primera fase del Plan, se deberán determinar los recursos humanos, tecnológicos, de infraestructura, económicos y financieros requeridos para la prosecución de los objetivos propuestos, sobre la base de los resultados de la investigación y diagnóstico de situación actual.

Dentro de la diversidad de recursos necesarios para poner en funcionamiento una Campaña de Comunicación, sin lugar a dudas el principal parámetro es el económico y financiero.

Existe un método lógico y otro arbitrario para asignar recursos presupuestarios en nuestra actividad.

Método lógico

Puede considerarse que este método es el mejor, en cuanto a que se invertirá planificadamente y persiguiendo objetivos mensurables; además, mediante este método se pueden reajustar los objetivos y/o presupuesto a lo largo del año según se requiera.

Para poner en práctica este método deberemos:

▶ Determinar claramente los objetivos.

▶ Definir las estrategias necesarias para lograr los objetivos.

▶ Determinar el costo de las estrategias definidas.

Métodos arbitrarios

Cuando no nos sea posible asignar recursos presupuestarios a nuestras funciones a través de un criterio lógico, podremos acudir a algunas de las variantes del método arbitrario:

Determinación sobre la base de un porcentaje de las ventas:

Se trata de una forma muy simple de asignar recursos a partir de un porcentaje de la facturación total de la empresa, sobre la base de las ventas realizadas en el ejercicio anterior. O de los ingresos proyectados, si se tratare de nuevos emprendimientos.

Desde luego no es la forma recomendable de asignar un presupuesto a nuestra labor, toda vez que la función principal de nuestra tarea, como ya hemos observado, no es la de generar ventas en la empresa, aunque este hecho coadyuve en la prosecución de ese propósito.

Determinación sobre la base del esfuerzo realizado por la competencia

Aquí se asigna el presupuesto tomando como parámetro lo que están invirtiendo los competidores que posean características y realidades semejantes.

Asignación arbitraria pura

De la inversión total en comunicación integral que realizan las grandes empresas de productos masivos, es el orden del 15 al 20 % del total de lo que facturan.

Notaremos que, dentro del nuevo "mix" de Comunicación, la publicidad ha perdido participación, pasando de porcentajes de casi el 95% de la torta a orillar el orden del 50%; del porcentaje restante participan las nuevas y cada vez más pujantes acciones: Promoción de Ventas, Marketing Directo, E-mail Marketing & *"E-Communications"*, Organización de Eventos, Relaciones Públicas y Prensa.

Si se tratare de una Pequeña o Mediana Empresa, el esfuerzo en comunicaciones corporativas puede oscilar en el orden del 0,5 al 1 % de la facturación global.

Para asignarle un presupuesto en materia de comunicación corporativa no es tan importante disponer de mucho capital, lo esencial es planificar, saber qué queremos lograr e implementar estrategias a nuestro alcance.

7. Programación

Un programa de acción no es más que un plan debidamente calendarizado y pormenorizado en cuanto a las acciones a implementar y la asignación de funciones y tareas a los recursos humanos involucrados. Planificar es prever un escenario futuro. En todo proceso de planificación debemos tomar cierto tipo de decisiones, a saber: decisiones estratégicas, tácticas y operativas.

1. Estrategia: en ella se determinan los hechos y acciones fundamentales, vitales, y en torno de las que se va a encolumnar todo lo que conforma la organización. A partir de ella sabremos qué es conveniente hacer, con qué recursos económicos y en qué momento.

Las decisiones de este orden se toman por parte de los accionistas de una empresa atendiendo, en general, a las recomendaciones de los altos mandos ejecutivos.

2. Tácticas: una táctica indica un modo o forma de realizar una tarea que nos posibilite alcanzar y desarrollar los objetivos de acuerdo con los lineamientos estratégicos que se definieran oportunamente.

Cuando disponemos de más de una forma de realizar una actividad conducente a un objetivo debemos sustentar nuestra decisión en virtud de nuestros Parámetros Críticos de Eficiencia. En términos generales nuestros parámetros críticos están relacionados con ciertas restricciones presupuestarias, temporales o de reputación y prestigio.

3. Operativas: son decisiones relacionadas con el personal necesario para instrumentar las acciones predeterminadas. En este punto interesa la técnica, los conocimientos y destrezas necesarias de quienes llevaren adelante los procedimientos.

8. Logística

Logística es la acción dirigida a garantizar las actividades de diseño y dirección de los flujos material, informativo y financiero, desde sus fuentes de origen hasta sus destinos finales, que deben ejecutarse de forma racional y coordinada con el objetivo de proveer los productos / servicios en la cantidad, calidad, plazos y lugar demandados, con elevada competitividad.

La logística se ocupa también de determinar los Recursos Humanos que se encargarán de llevar adelante las acciones del Plan. Toda implementación exitosa de un programa de Comunicación y Ceremonial requiere de la conformación de un verdadero equipo de trabajo.

Activación de las herramientas tácticas a implementar

En esta etapa de la logística, de lo que se trata es de activar el programa, de poner en marcha todas y cada una de las acciones tácticas estipuladas en el Programa de Comunicación y Ceremonial. Si bien todo plan debe adaptarse a los requerimientos específicos a los que atiende, se analizarán algunas de las herramientas relacionales típicas de las que se dispone a la hora de realizar un programa de ese tipo.

Tácticas aplicables a Público interno

House organ: revista interna con información de interés exclusivo de los públicos internos. Se realiza con una determinada frecuencia y en diferentes formatos y soportes. Hoy se extendió el formato digital por una cuestión de costos y alcance. No obstante, son aconsejables las versiones en papel puesto que se transforman en un elemento de consulta también en el entorno familiar del empleado. Permite que los allegados a la persona puedan conocer al resto de los integrantes de la empresa, sus principales funciones, los proyectos actuales y toda la información que circula en este tipo de herramientas.

La frecuencia más usual en soporte papel es mensual o bimestral. Los contenidos característicos son: una nota editorial firmada por el responsable máximo de la institución o alguno de sus principales ejecutivos, en la que se orienta sobre procesos actuales y futuros, planes, objetivos, situación general de la actividad en la que la empresa se desempeña, cómo afecta positiva o negativamente en la realidad de esa empresa o institución en particular, etc.; luego se podrán leer artículos sobre el funcionamiento de un área de la empresa en particular, ilustrado con imágenes de las personas que la componen, etc. El objetivo fundamental es que el resto del personal pueda tener una idea más precisa y profunda de las funciones y circunstancias en las que se desempeña esa área de trabajo. Esto aumenta el compromiso y disminuye el prejuicio que pudiera llegar a existir. Asimismo, es usual contar con secciones en las que se reflejan temas sociales pasados o futuros, proyectos, perspectivas, concursos, etc.

Es importante contar con una sección de noticias bien abastecida en la que se vuelque información sobre resultados operativos de la compañía, acciones de los principales competidores, decisiones político-administrativas tomadas en esferas de gobierno que afectaren de alguna forma el desenvolvimiento de la empresa, galardones o reconocimientos obtenidos, certificaciones de calidad, etc.

También puede haber secciones de interés general en las que se aborden temas artísticos, culturales o de esparcimiento y una de "*country meeting*", que consiste en la revisión de los resultados del año anterior y establecer estrategias para el siguiente año.

Cartelera o pizarra interna: ideal para volcar la información más frecuente y dinámica, de forma tal que los interesados tengan un rápido acceso. Se trata de la herramienta más extendida y más sencilla de implementar. Los formatos son variados y es recomendable contar con una general y otras para cada sector de la compañía. El propósito es hacer circular la información que, por su última generación o por la inmediatez que exige su cumplimiento, no sea conveniente esperar hasta la próxima edición de la revista interna.

Resulta de vital importancia que la información esté bien presentada y que sea atractiva desde el punto de vista estético, que llame la atención e invite a su lectura. Otro de los secretos del éxito de esta herramienta es su permanente actualización, la renovación de contenidos impulsa la observación frecuente del personal.

En ocasiones hay un espacio para los empleados, para que por su propia cuenta y responsabilidad puedan colocar mensajes que tengan un interés para el resto de la comunidad interna.

Capacitaciones internas: trabajan sobre los niveles de conocimientos, actitudes y destrezas del personal de una empresa. Se las denomina, técnicamente, convenciones. Estas convenciones de capacitación pueden aspirar a la formación cognitiva complementaria de todo o parte de nuestro personal, a la adquisición de nuevas habilidades o destrezas, o simplemente apuntar a reforzar el espíritu de cuerpo y/o la motivación del público interno.

Se trata de una actividad obligatoria para todo tipo de programas de calidad que la institución haya certificado.

Se trata de una acción formal que demanda una planificación anual, idealmente.

Se puede realizar en la modalidad "*in company*" o, en forma externa, puede tratarse de una actividad a la medida del personal de nuestra empresa o bien se puede participar de actividades abiertas a terceros de las que participamos junto a otras personas provenientes de otras empresas o actividad. Los capacitadores o instructores pueden ser internos o externos. Es recomendable valernos de los dos tipos de profesionales, en forma conjunta o por separado.

Idealmente las capacitaciones deben desarrollarse dentro del horario de trabajo y, de no ser así, que las horas que demandare sean contadas como horas extras y/o que las horas o costos que la actividad exigiere –si se trata de una capacitación organizada por un externo–, por ejemplo una universidad, sea costeada por la empresa en cuestión.

Eventos Internos: son una oportunidad única para hacer vivir una experiencia inolvidable al personal de la compañía; se trata de reuniones, agasajos, concursos, torneos o justas deportivas y/o culturales, el festejo de actividades extraordinarias tales como aniversarios, cumpleaños, fiestas patrias, religiosas, etc.

Dentro de los objetivos para estos eventos está el de afianzar los valores de la empresa. Las claves para que estos eventos funcionen están en cuidar la imagen institucional y atender muy bien los invitados.Se trata de actividades ideales para grandes empresas que por lo general poseen una casa matriz y varias otras sedes y es menester fomentar la integración.

El valor añadido en la empresa no tiene que ver solo con los productos y servicios que vende, existen otros intangibles como la motivación de los empleados; recordemos que un empleado satisfecho y motivado es mucho más productivo que uno desganado; y lograrlo, no es solo cuestión de sueldos y horarios, sino de compromiso. Una convención de empleados permite impulsar el trabajo en equipo, la dinámica de grupos y el afianzamiento de las relaciones interpersonales.

Manual del Empleado: contiene información para la etapa de inducción del personal, normas y disposiciones internas, procedimientos técnico administrativos, filosofía y objetivos de la empresa.

Es importante incluir una breve historia de la empresa y el medio ambiente. Este manual debe contener los elementos básicos de las reglas de su lugar de trabajo y reglamentos, que incluyen desde las políticas de asistencia a los procedimientos de operación. Es bueno abundar en especificaciones. Se deben describir las políticas de trabajo en la computadora y el uso del teléfono. El público interno necesita una política claramente definida sobre lo que puede y no puede hacer.

Se deben establecer las políticas legales de la compañía, el lenguaje, los contratos, la igualdad de oportunidades, las políticas de inclusión y no discriminación, la privacidad, el bullying, etc. Todo esto debe ser consensuado con al área legal de la empresa.

Indicar beneficios tales como: jubilación, seguros de salud, licencias, accesos, estacionamiento, etc.

Libro Blanco: es un manual o documento con la filosofía, visión y misión de la organización; es un documento oficial publicado por un gobierno o una organización comercial y sirve de informe o guía sobre algún problema y cómo enfrentarlo. Refleja las prácticas profesionales permitidas y recomendadas. Puede formar parte del Manual del Empleado, por lo menos en cuanto a sus disposiciones válidas exclusivamente para públicos internos. Los libros blancos son utilizados para educar a los lectores y ayudar a las personas a tomar decisiones. También es útil para llegar esclarecer cómo funciona algo.

Buzón de sugerencias para Público Interno: habilita un canal de información desde el personal de base a la línea jerárquica que permite un camino hacia la mejora continua; propicia un espacio de participación que permite motivar al personal y desarrollar sentido de pertenencia. Puede implementarse con o sin formularios y siempre de forma anónima.

Programas de Beneficios y Fidelización para Públicos Internos: se trata de la implementación de todo tipo de servicios y acciones tendientes a generar un sentido de pertenencia y satisfacción del personal de una empresa a través de premios, descuentos en servicios y productos, viajes, esparcimiento, entretenimiento, etc.

Circulares: instrucciones que dicta la administración de una empresa determinando los criterios de actuación de los funcionarios. Se trata de una forma oficial y formal de normalizar procedimientos y conductas exigibles internas o externas. Por lo general están numeradas cronológicamente e incumben a la organización toda. Se trata de un mensaje idéntico para todo el grupo (círculo).

Intranet: una Intranet es una red de ordenadores internos que utiliza tecnología e Internet para compartir de forma segura cualquier información o programa del sistema operativo. El objetivo es organizar el escritorio de cada individuo con mínimo costo, tiempo y esfuerzo para ser más productivo, rentable, oportuno y competitivo. Resulta ideal para estandarizar mensajes y promover determinadas prácticas. Asimismo, permite mantener alerta a los empleados sobre ciertas cuestiones de seguridad, normativas, etc.

Viaje de Incentivos: estrategia gerencial relativamente nueva a través de la cual una empresa recompensa con un viaje a su personal, en forma individual o grupal, como premio por haber alcanzado determinadas metas. Se orientan bien hacia el mercado interno, o bien hacia el mercado externo, y en ocasiones se permite a los beneficiarios, dentro de parámetros establecidos, tomar sus propias opciones de viaje. En ocasiones, puede tratarse de un viaje en el que además se aproveche el ambiente relajado para comunicar o articular ciertas estrategias corporativas.

*Country visit***:** Viajes a un país o región que realizan los máximos directivos de una empresa para hacer una revisión del negocio, y a la vez una visita al mercado para revisar el estado de sus productos en el mercado local.

Reuniones periódicas: se trata de una acción elemental, altamente efectiva y de bajo presupuesto. Es de vital importancia formalizar encuentros y establecer espacios de diálogo y discusión de ideas. Se trata de ámbitos en los que debe primar la igualdad y la libre expresión. No tienen que tener una frecuencia específica, mas es importante que haya cierta regularidad, de forma tal de institucionalizar esta instancia de introspección empresarial y de proyección estratégica.

Family Day: Un día con la familia, es una propuesta que están realizando las empresas, grandes y pequeñas, a fin de que sus empleados puedan encontrarse en un ámbito diferente al cotidiano e interactuar y compartir distintas actividades junto a sus maridos, esposas e hijos. Las empresas cada vez toman más conciencia de que su público interno también debe ser fidelizado y, sobre todo, motivado, y organizar encuentros con estas características es una muy buena manera de acercar a los diferentes sectores de una empresa que quizás no intercambian a diario.

Algunas características a tener en cuenta en la organización de un *Family Day*:

▶ el lugar: sería interesante elegir un lugar fuera del ámbito cotidiano de la empresa; puede organizarse en un club, una quinta o un espacio al aire libre con el que la empresa cuente. Hay que prever los medios de transporte para llegar.

▶ el día: se debería elegir un día del fin de semana o un feriado, a fin de que todos los miembros de la familia puedan asistir. Una jornada de 4 o 5 horas es suficiente para que se realice un almuerzo y luego algunas actividades recreativas.

▶ la comida: para este evento, comidas más informales son un acierto.

▶ las actividades: el objetivo es fomentar los vínculos entre los distintos empleados, con sus familias, por lo que es importante proponer actividades grupales para ayudar a generar estas interrelaciones. Tener en cuenta las diversas edades de quienes participarán, porque tienen que ser genéricas para que todos puedan participar. Es importante que haya un espacio dedicado a los más chiquitos (los bebés hasta los niños de dos años) a fin de que puedan pasar un rato divertido ellos también. Se puede preparar una plaza blanda, con algunas coordinadoras para que cuiden de ellos. También es muy motivante para los empleados que les hagan regalos o realicen sorteos.

▶ las invitaciones: es importante enviarlas con un mes de antelación y solicitar confirmación e información acerca de cuántos miembros de cada familia asistirán.

Manual Corporativo: el Manual Corporativo constituye una herramienta para el manejo de las directrices de presentación de los mensajes institucionales, como medio que garantice el respeto y la promoción de la identidad de la institución, en cada uno de los programas de información.

En el Manual Corporativo se habla de la definición comercial de la empresa o marca, la actividad principal y secundaria de la empresa (definición del producto y características), el tiempo en el mercado y ubicación, tipo de mercado (clasificación), competencia, análisis de la imagen que posee, compatibilidad entre la imagen y el mercado, (demostrado mediante encuestas), qué se debe mejorar, cómo y por qué, cómo, cuándo, dónde y por qué se deberá usar la imagen.

Todas estas reflexiones se deben realizar en función de la empresa y su capacidad y en función del mercado y sus exigencias. El desarrollo del manual, es fundamental para la correcta aplicación de una Identidad Corporativa.

Tácticas aplicables a Público Externo

Relación con los medios de comunicación:

Gacetilla de Prensa: información breve, sucinta, de carácter noticioso que se envía a determinados medios de comunicación, tendiente a dar difusión a hechos y acciones de carácter excepcional y de interés general, referentes a la vida de empresas, instituciones y organizaciones varias. Qué, cómo, quién, cuándo y dónde son las preguntas básicas que una buena gacetilla debe responder en el cuerpo de la noticia. Consta de una hoja en la que se comunica algo a los medios que éstos no están obligados a publicar.

Comunicado de Prensa: información "editorializada" que se envía a los medios y que se justifica toda vez que nuestra empresa o institución se vea inmersa o afectada por algún hecho controversial.

Rueda de Prensa: es más informal que la conferencia de prensa. La prensa rodea al protagonista. Se utiliza cuando hay algo urgente que comunicar y no están dadas las condiciones para convocar a una conferencia de prensa.

Conferencia de Prensa: convocatoria organizada a los medios en un lugar y fecha determinada. Es una reunión programada que se realiza para tratar temas de actualidad o polémicos, presentar proyectos, resultados de investigaciones y posturas, entre otros. Es un espacio donde se da la posibilidad de explicar y confrontar.

La convocatoria se realiza mediante una carta de invitación, tarjeta de invitación o un boletín de prensa.

Update: es un boletín periódico de actualización de datos e información. Son remitidos a diferentes receptores por la "fuente" original, y por esto son materia de consulta de los principales medios, que los usan muchas veces como punto de partida para notas, investigaciones etc.

Boletín de Prensa: es una noticia que la empresa emite sobre una actividad o postura de la compañía para ser conocida por la opinión pública. Puede llevar datos estadísticos, resultados de una investigación y cifras financieras. El envío puede ser por correo normal, electrónico, fax o Internet.

Entrevista en Exclusiva: es el suministro de información a través de una persona concreta. Se accede a ella cuando el periodista la solicita. Se concierta la entrevista previamente y le da tiempo al entrevistado a documentarse. El medio que entrevista obtiene la exclusiva de las declaraciones del entrevistado. Suele darse en aquellos casos en los que un medio de importancia actúa como *media partner* del evento. Puede ser buscada por la empresa o solicitada por el periodista. La técnica es preguntas y respuestas, con o sin acuerdo previo de temas a abordar.

Informe Especial: es un reporte detallado sobre una problemática concreta de un sector económico, ejecución de un proyecto, proceso interno de la empresa con influencia en el medio externo, implicaciones empresariales de normas, regulaciones y permisos ambientales, entre otros. Es elaborado por especialistas en la materia, a solicitud del medio de información. Es la forma más sutil de transmitir la ideología empresarial o de un gremio a la comunidad a través de la prensa.

Rectificación: es un derecho que todos tenemos, se usa cuando un medio ha publicado alguna información falsa, tendenciosa o no precisa. Lo conveniente es analizar la situación y luego proceder a que el medio o el periodista se rectifique de lo publicado. Las herramientas más utilizadas para este tipo de acciones son las solicitadas o los "advertorials".

Clipping **de Prensa:** es una voz inglesa que se traduce como compendio, resumen, recopilación. Se utiliza para designar la colección de artículos de prensa en que una empresa determinada ha aparecido en forma de noticia. Con el actual desarrollo de los medios informativos, en la era de la sociedad de la información, el *clipping* se puede realizar ya no solo en formato papel, sino también digitalizado. La importancia de esta acción de comunicación se ve incrementada con el desarrollo de Internet y la aparición del fenómeno de los blogs.

Pronunciamiento: lo usan los directivos o presidentes de agremiaciones que toman una postura frente a una norma, ley o disposición gubernamental.

Cabildeo: la actividad de "lobby" o cabildeo es llevada adelante por un conjunto de personas influyentes, organizadas generalmente como grupo de presión que actúa a favor de determinados intereses propios o de terceros involucrados, tratando de influir en una organización, esfera o actividad social. Más allá de los procedimientos que se determinaren para llevar adelante esta actividad, lo esencial es hacerlo sobre la base de información real, comprobable, de calidad y basada en fuentes fidedignas.

Publicidad Institucional: esta publicidad busca generar apoyo hacia la institución mediante la comunicación de la empresa como un todo integrado. Es aquella que da a conocer la organización, sus valores, sus creencias. No se da a conocer su producto, pero se lo puede mostrar indirectamente. Pueden observarse dos tipos básicos: la publicidad de servicio al consumidor, que comunica las acciones de la empresa en virtud de su compromiso con el cliente, y la publicidad de servicio público que resalta el compromiso del anunciante con la comunidad en general.

Folleto Institucional: material gráfico de alta calidad de papel e impresión mediante el cual se comunica los aspectos salientes de una empresa de forma integral.

CD institucional: son CD que explican a través de un gran despliegue gráfico y audiovisual el quehacer de una empresa.

Página WEB: un sitio web es un conjunto ordenado de páginas individuales relacionadas entre sí, ubicado en una computadora especial denominada servidor, accesible desde todo el mundo. Cada *link* está habilitado para desplazar al usuario dentro de la misma página o lo puede llevar a una página nueva del mismo sitio, o de otro.

Videostreaming: el *videostreaming* es la tecnología que permite la retransmisión de secuencias de audio, o audio más video a través de Internet. Estas secuencias pueden ser, tanto de eventos ocurridos con anterioridad, como de eventos que estén ocurriendo en ese mismo instante. Esta tecnología, permite emitir por Internet ponencias, clases, eventos culturales, aperturas de curso, congresos, videoconferencias, etc.

Newsletter: es una publicación de frecuencia establecida y diferentes formatos; por lo general tiene un diseño similar a una revista. Se redacta con sentido noticioso y corporativo y puede enviarse junto a documentación administrativa o de ventas: facturas, resúmenes de cuenta, etc. Se brinda información de interés y valor agregado tanto de tipo comercial como socio cultural.

Visitas Guiadas: se realizan en el interior de una empresa con el objetivo de sensibilizar a los públicos objetivos sobre determinados aspectos de nuestra empresa: procesos de elaboración o fabricación, calidad de los insumos que se utilizan, tipo de mano de obra empleada, modernidad de la tecnología de la que se dispone. Se agasaja al visitante con una zona de hospitalidad y se lo suele gratificar con muestras del producto u obsequios.

Eventos: un evento es ante todo una herramienta de gestión táctica del área de Marketing y de Relaciones Públicas de una empresa o institución. Es decir, importa beneficios tanto sea para la prosecución de los objetivos comerciales como para los comunicacionales e institucionales. Asimismo, por la naturaleza de los temas con los que trabaja –imagen, vinculación con los públicos, negocios–, posee claras connotaciones estratégicas, de forma tal que un evento reporta una serie de acciones que impactan en las metas organizacionales de corto, mediano plazo y largo plazo.

A través de un evento se puede conseguir llamar la atención, despertar interés y movilizar a todo o a una parte de nuestro público blanco (*Target Group*) sobre novedades de empresas, productos o servicios, sobre una innovación o mejora en los procesos de fabricación, distribución, comercialización, etc., sobre el reciente o inminente lanzamiento de un producto o servicio, sobre algunos aspectos de nuestra organización menos promocionados o conocidos y que son dignos de ser puestos a la consideración del público. Un evento es una excelente oportunidad para tomar contacto directo y personalizado con una parte de nuestra audiencia objetivo, para afianzar lazos y vínculos y para transmitir determinados conceptos y valores como ser cordialidad, calidez en el trato, interés por nuestros públicos, organización y profesionalismo y muchos otros.

Centro de Atención al Cliente: es un servicio adicional de un producto o servicio, que funciona a través de líneas telefónicas o de internet que propende a satisfacer de manera rápida y eficiente las demandas del público usuario de nuestro producto o servicio.

Videos Institucionales: es una herramienta indispensable para mostrar de forma clara, dinámica y concisa, diferentes aspectos de la organización, como su estructura, productos y servicios a clientes, proveedores y colaboradores. Existe una gran variedad de aplicaciones o tipos de videos institucionales: Corporativos. Presentaciones. Inducciones. Seguridad industrial. Promociones. Capacitaciones. Lanzamiento de productos. Conmemoraciones y homenajes.

Programas de Becas para Investigación: acciones tendientes a la excelencia y perfeccionamiento tanto para público interno como externo.

Sponsoring y **Auspicio:** el *"Sponsoring"* o patrocinio consiste en apoyar económicamente la realización de alguna actividad empresarial o institucional. El auspicio consiste en otorgar un apoyo no económico a alguna actividad de carácter relevante.

Advertorial: vocablo inglés que significa, literalmente, publicidad editorial. El antecedente de este tipo de publicidad es lo que aquí conocemos como solicitada, anuncio comprometido que nació como monólogo de los sindicatos y después fue adoptado también por las empresas e instituciones en general.

Las solicitadas, que prosperan en tiempos de crisis, toman de la publicidad solamente el aspecto externo: su forma de aviso. Sus contenidos, por el contrario, suelen ser burocráticos, excesivamente largos y aburridos; las más de las veces carecen de ilustraciones y de títulos con impacto. La publicidad editorial, en cambio, se confía a comunicadores tan preocupados por el alcance y la persuasión como por el contenido.

Inserts: son publicaciones institucionales que vienen abrochadas en la página central de una revista. Puede ser un pliego o una hoja.

Regalos Empresariales: se efectúan a públicos internos o externos con el propósito de dar testimonio de nuestro agradecimiento.

Balance Social: es la expresión responsable de las organizaciones, con fines sociales, y sus cuadros, como una metodología común a adoptar.

Tiene por objeto informar aquellos procesos o situaciones íntimamente vinculadas con el "balance contable" y que no pueden expresarse en valores monetarios, no obstante la singular importancia de su contenido. Dicho informe, realizado en forma metódica y sistemática, contiene datos concretos que permiten evaluar el cumplimiento de la Misión, o sea el cumplimiento de la responsabilidad social asumida por la entidad en sus estatutos y el grado de cumplimiento de ésta. Algunas de estas consideraciones seguramente han sido expuestas en la Memoria Anual, pero su desarrollo permite en forma ordenada acompañar lo expresado en el balance tradicional.

Las metas de un balance social son:

▶ Realizar un diagnóstico sobre políticas e inversión social, individuo y sociedad.

▶ Disponer de información de empresa, trabajadores y otros sectores.

▶ Facilitar información para acuerdos en CCT (Convenios Colectivos de Trabajo)

En Argentina, de acuerdo a la Ley 25.250 y el Decreto 1171/2000, corresponde que sea presentado por empresas que cuenten con más de quinientos trabajadores contratados.

Patrocinio Cultural y Mecenazgo: El patrocinio cultural es mucho más que colocar el logo de una empresa en un programa de mano, catálogo o inserción publicitaria. El patrocinio cultural ofrece una nueva dimensión de la empresa y una relación diferente con sus públicos. Permite que se muestre como gestora de información, de actividades y de conocimientos.

El Mecenazgo, si bien es una forma de patrocinio cultural, se encuadra dentro del concepto de filantropía empresarial y se dirige básicamente al terreno de la cultura y del arte y, dentro de ella, a la promoción de un artista o grupo de ellos en particular. El compromiso de la empresa con los artistas en este caso es más integral que el patrocinio y se sostiene a lo largo del tiempo. No solamente se aporta económicamente sino que además se participa en el diseño y prosecución del proyecto cultural y/o artístico.

Jornada de Puertas Abiertas: aplicable en casos en que la empresa ha implementado nuevas tecnologías que redundan en un mejor producto de calidad, conquista nuevos mercados, saca un nuevo producto, está aportando a la conservación del medio ambiente, genera progreso a la comunidad, implementa campañas educativas, obtiene certificaciones de calidad o tienen nuevos proyectos.

La jornada de puertas abiertas debe hacerse en la mañana, empezando con un desayuno con la presencia de los directivos de la compañía, luego la exposición del proyecto o los resultados de éstos.

Recorrido por la planta o instalaciones explicando el proceso productivo o lo que interesa dar a conocer. Sección de preguntas y respuestas para aclarar las dudas.

Para ello se debe tener en cuenta: carpeta informativa que contiene un informe ejecutivo que resume los aspectos más importantes. Publicar cifras. Darles un obsequio como remeras, lapiceros, agendas, etc. Dejar el evento registrado en fotografías e imágenes y luego hacerlas llegar.

CGM *(Consumer Generated Media)*: El CGM no es más que una evolucióndel boca a boca, que siempre ha existido. Es una técnica englobada dentro del SMM (Social Media Marketing) y consiste en la creación de opiniones controladas y favorables de una empresa en *webs*, blogosfera y redes sociales en general, interfiriendo asimismo en las opiniones ajenas y vertidas sobre una empresa, por lo que está relacionado con el *Online Reputation Management* o la gestión de la reputación online.

Informes de Sostenibilidad o Integrados: Hay dos principios que rigen la excelencia de la sostenibilidad de las organizaciones modernas: la **materialidad** (el reconocimiento y presentación de los hechos económicos debe hacerse de acuerdo con su importancia relativa. Un hecho económico es material cuando, debido a su naturaleza o cuantía, su conocimiento o desconocimiento, teniendo en cuenta las circunstancias que lo rodean, puede alterar significativamente las decisiones económicas de los usuarios de la información) y la inclusión de Grupos de Interés. Estos principios dominan el escenario que se informa y se intensificará a medida que el *Global Reporting Initiative* (GRI) se prepara para su cuarta generación de directrices de informes (GRI 4).

Se trata de un informe de alta calidad en el que no se informa sobre todos los temas posibles que afectan a la organización sino que solo se dan a conocer los de importancia relativa para la organización y los temas relevantes de sostenibilidad. Es un informe conciso y de contenido contextualizado, que está dirigido a los grupos de interés y que brinda respuestas específicas a la mayoría de los problemas de sostenibilidad de la organización material.

El contenido de un informe de sostenibilidad debe reflejar los aspectos más importantes desde el punto de vista económico, social y ambiental. Debe reflejar los desafíos, riesgos y oportunidades, así como los problemas que puedan influir en las decisiones de las partes interesadas, acerca de la sostenibilidad futura de la organización.

Mediante la determinación de la mayoría de sus asuntos materiales, una organización puede clarificar las cuestiones de sostenibilidad que impulsan el éxito a largo plazo de la empresa y mantener una sólida reputación de marca.

La identificación de materialidad también proporciona a las organizaciones una ventaja competitiva de negocio, lo que les permite anticiparse a los cambios y evaluar su desempeño durante un período de tiempo.

Community Manager: *Community Manager* o responsable de comunidad es un campo nuevo dentro del Marketing, la publicidad online y las Relaciones Públicas. El *Community Manager* es la persona encargada de crear, gestionar y dinamizar una comunidad de usuarios en Internet con independencia de la plataforma que empleen. Que una empresa no esté presente en las redes sociales puede significar grandes pérdidas por lo que el *Community Manager* tienen como misión: gestionar en Facebook, Twitter, YouTube, entre otros, a favor de una empresa o marca, generar contenidos atractivos y convertir a éstas en páginas indispensables para los usuarios.

Entre las habilidades que debe contar un buen responsable de comunidad se encuentran: la capacidad en la redacción y corrección de textos, con especial interés a la hora de titular pues existen pautas para la edición de artículos y, la habilidad para fomentar el intercambio de conocimientos y opiniones entre los usuarios.

Record Manager: *Record Manager* hace referencia a una de las nuevas profesiones referentes al Marketing, las Relaciones Públicas y la publicidad online. Es el complemento al Community Manager dentro del departamento interactivo. La principal y más importante responsabilidad de esta nueva actividad es la búsqueda, gestión y control de datos e información sobre la marca o compañía para la que realiza la campaña online. Además, es necesario encargarse de mantener activo el interés del público hasta el fin de la campaña, observar si lo realizado surte efecto y además justificar frente al cliente la inversión. El puesto de Record Manager es equivalente al de un jefe de prensa, maneja todos los contenidos que se ponen en la red, los estudia y los aprueba o rechaza.

9. Control y medición

El control se efectúa a lo largo de todo el proceso de puesta en práctica del programa. Se deberá asegurar la calidad de las acciones que se implementen y que se estructuren en forma ordenada y coordinada.

Todo proceso de control abre la posibilidad, de ser necesarios, de ajustes y cambios en el programa.

Se controla: el impacto visual y estético de la campaña; si se articula correctamente, en la mente de los públicos meta, la imagen proyectada; si el impacto en la audiencia objetivo es favorable en relación con la toma de posición racional frente a la propuesta.

10. Evaluación

Todo lo actuado deberá ser reportado en un informe final *post facto* que contemple:

▶ Medición y valoración de cada una de las apariciones de la empresa, tanto positivas, neutras o negativas.

▶ Cuantificación de los resultados de las acciones de comunicación; visualización de cómo el plan logró total o parcialmente los objetivos marcados y consiguiendo lo prometido en base a las acciones establecidas; observar la rentabilidad en función de la relación costo-beneficio.

▶ Valoración no solo del volumen de los mensajes, también dónde y cómo aparecieron, su tono, las oportunidades de comunicación generadas, los cambios de opinión y de actitudes de los públicos, siempre en correlación con las necesidades y con los objetivos estratégicos marcados.

Capítulo 5
Redacción Institucional
y Ceremonial

Redacción Corporativa

En los últimos años, la comunicación corporativa, merced a los avances tecnológicos, se ha visto afectada en múltiples aspectos. Es por ello que resulta imprescindible el dominio eficiente de las herramientas necesarias para un correcto posicionamiento dentro de la propia comunidad discursiva.

Un discurso escrito en forma sofisticada, con un hábil manejo de recursos, estructura y convenciones, inmediatamente capta la atención del lector y posiciona al emisor favorablemente.

El estilo objetivo de redacción

Algunos consejos para una más eficiente redacción corporativa

► Mantener bien informadas a aquellas personas ante quienes se reporta.

► No utilizar ninguna palabra fuera de registro, ni siquiera en citas.

► Reproducir correctamente los títulos de cada persona.

► Seguir el hilo temático central: para lograr este propósito, hay que asegurarse de que la formulación de la idea principal sea clara (tesis), al igual que las formulaciones de las ideas principales de los párrafos (oraciones temáticas).

- ▶ Evitar abordar temas o extenderse en digresiones que no vengan al caso.

- ▶ Ir directamente al fondo del asunto.

- ▶ Procurar que cada párrafo tenga su oración temática y sus oraciones de sustento.

- ▶ Desdoblar un párrafo en dos o más párrafos a fin de explicar más claramente una posición.

- ▶ Si los párrafos son muy breves y constan solo de una oración temática, agregar oraciones de sustento.

- ▶ Antes de escribir, elabore un índice que incluya tres partes:

  - – Introducción: enuncie el problema y explique cómo va a ser resuelto, es decir, desde qué punto de vista se le examinará y cuáles son los pasos que se seguirán.

  - – Desarrollo: procure que para cada argumento haya no menos de un párrafo que lo explique. Siempre es recomendable apoyar las afirmaciones con citas textuales que las complementen o que introduzcan problemáticas nuevas.

  - – Conclusiones o resumen: si el texto busca demostrar una hipótesis hay que finalizarlo evaluando el resultado de la argumentación y enunciando la conclusión. Tal vez se podrían agregar las consecuencias de la verdad o falsedad de las conclusiones.

- ▶ Redactar de acuerdo a estructuras sintácticas simples. El orden usual de la oración castellana es:

  - – Sujeto.

  - – Verbo.

  - – Objeto directo.

  - – Objeto indirecto.

  - – Complemento.

- ▶ No hacer uso de puntuación confusa. La puntuación es importante pues sirve para diferenciar las partes del párrafo y para relacionarlas; es decir, diferencia y relaciona. Como regla general, usar el punto y aparte para diferenciar párrafos y secuencias. Utilizar el punto seguido para distinguir las tres partes del párrafo.

Si las distintas partes del párrafo no aparecen separadas por el punto seguido, el lector podría confundir la oración de enlace, la oración temática o las oraciones de sustento. Usar la coma al interior de cada una de las partes del párrafo.

▶ No utilizar palabras con connotaciones discriminatorias.

Algunos tips para redactar de forma imparcial

▶ Apegarse a los hechos.

▶ No insertar opiniones personales.

▶ Ser discreto en el uso de adjetivos.

▶ Evitar los señalamientos intrascendentes.

▶ No presumir de que las cosas van a suceder de tal o cual forma.

▶ No condenar sin evidencias.

E-Communication

La *e-comunication* es el producto de la sinergia entre Internet y comunicación corporativa. Surge a partir del afianzamiento de Internet como un sistema de información y comunicación global. En el ámbito específico de las organizaciones, Internet está facilitando el desarrollo de la comunicación multimedia tanto en el ámbito interno como externo, tanto un sistema de información interempresarial e intraempresarial con extensión global.

Siendo la comunicación corporativa una forma estratégica de expresar la función de Relaciones Públicas, estamos frente a un nuevo desafío profesional.

Como nuevo escenario de la comunicación en la era de Internet, han de interpretarse como la ocasión para redefinir el perfil y las exigencias profesionales de los comunicadores, así como los contenidos y los procedimientos de su formación académica.

Los soportes utilizados dejan de ser el factor distintivo de la profesión –a que todos los soportes se funden en la Red–, y una vez más emergen los contenidos como factor diferencial de identidad y calidad.

Corresponde hoy a los relacionistas públicos, con mayor urgencia que nunca, hacernos cargo de la complejidad, transformar la información en conocimiento, gestionar el conocimiento y responder de un modo más efectivo a los *stake-holders*.

Netiquette

Es un término que surgió en las comunicaciones en Internet, principalmente relacionado con el envío y recepción de correo electrónico.

El término viene de la contracción de dos palabras de origen inglés: *Net* (red) y *etiquette* (etiqueta, en el sentido de usos y estilos) *Netiquette* es un conjunto de reglas de comportamiento aceptables en la *red*, que pueden aplicarse a la redacción de un "email", de una conversación en línea ("chat") y la comunicación por voz (*"e-phone"*), entre otras.

Netiquette aconsejable en la redacción de un correo electrónico de tipo corporativo.

Toda vez que deba utilizarse ese canal de comunicación con públicos externos es aconsejable hacerlo teniendo en cuenta ciertas y determinadas pautas de relacionamiento, a saber:

Utilizar la línea de *subject* (tema o asunto) de modo que refleje de forma breve y clara el contenido del mensaje.

Si el tipo de comunicación lo ameritare, encabezar el mensaje en forma simple y cordial. Inmediatamente manifestar en un párrafo el objetivo o propósito de nuestro contacto o intereses que perseguimos. Luego argumentar, con otro párrafo, las razones que justificaren el propósito anteriormente manifestado y por último quedar, en una oración, a disposición del destinatario para lo que resultare oportuno.

Hacer uso de todas las formas paralingüísticas que se consideraren necesarias (negrita, cursiva, subrayado, color y tamaño de letra) con el fin de aumentar la correcta decodificación de nuestro mensaje. El mensaje corporativo debe tender hacia la asertividad y la empatía y deben evitarse los modismos y las formas irónicas y/o humorísticas de manifestarse.

Para despedirnos, será conveniente hacer uso de una fórmula sencilla. Agregar además, si es que ya no está predeterminado, nuestros datos identificatorios y corporativos más importantes.

Asimismo, utilizar el sistema de *attach* para adjuntar los documentos o archivos que resultaren necesarios a los efectos de hacer explícita nuestra demanda. Las notas o solicitudes que se adjuntaren dispondrán del tratamiento propio que se le asigna a todo escrito realizado en soporte de papel.

No utilizar cotextos o fondos que por los "bytes" que insuman lentifiquen el proceso de envío.

Respetar el *"copyright"* del material que se reproduce, así como las referencias de autores o fuentes de la que proviene la información que transcribimos.

Redacción de material destinado a la prensa

Gacetilla de Prensa, información de prensa, nota de Prensa o Press Release

Información breve, sucinta de carácter noticioso, que se envía a determinados medios de comunicación, tendiente a dar difusión a hechos y acciones de carácter excepcional y de interés general, referentes a la vida de empresas, instituciones y organizaciones varias. Qué, cómo, quién, cuándo y dónde son las preguntas básicas que una buena gacetilla debe responder en el cuerpo de la noticia. La gacetilla es información de carácter periodístico no publicitario.

Las empresas, por caso, utilizan las gacetillas de prensa para dar a conocer, a diferentes públicos objetivos a los que los medios alcanzan, hechos tales como: lanzamiento de un nuevo producto, designaciones en cargos directivos, incorporaciones de nueva tecnología, exportaciones a mercados infrecuentes, apertura de nuevas oficina, plantas industriales, acciones de Responsabilidad Social Empresarial y comunitarias, reconocimientos y certificaciones de calidad y de gestión empresarial, etc.

Comunicado de Prensa

A diferencia de la gacetilla, el comunicado de prensa es una información "editorializada" que se envía a los medios y que se justifica toda vez que nuestra empresa o institución se vea inmersa o afectada por algún hecho controversial: una crisis de confianza sobre nuestros productos, una denuncia sobre malas prácticas comerciales o industriales realizadas por competidores o determinados comunicadores, denuncias sobre violación de responsabilidades jurídicas de la empresa, entre otros, son temas que ameritan que la empresa explicite su posición sobre el hecho que la involucra y defienda sus intereses de una manera taxativa, valiéndose de información clara, verdadera, que se pueda verificar y redactada institucionalmente y no judicialmente. Los comunicados suelen ser más extensos que las gacetillas en virtud de la defensa que debe esgrimirse. En ocasiones los medios publican total o parcialmente la posición de la empresa. De todas formas la única forma de asegurarnos la difusión exacta de nuestros dichos es a través de una solicitada o *advertorial*, que no es más que un comunicado de prensa publicado en un espacio pagado por el emisor.

Normas para la elaboración, redacción y diligenciamiento de los proyectos de documentación y actos administrativos

A continuación explicitaremos algunos aspectos salientes del Decreto Nº 333/85 válido para la Administración Pública Nacional que por extensión pueden resultar preferentes en el ámbito empresarial.

Mensaje: estructura y confección

Calidad y forma del papel: Se confeccionará en papel tipo "romani", peso relativo ciento seis gramos con la leyenda "El poder Ejecutivo Nacional" impresa en relieve en la parte superior izquierda de la hoja y el escudo nacional en seco en el centro de ésta.

Márgenes

► Izquierdo: Cuarenta milímetros (40 mm).

► Derecho: Diez milímetros (10 mm).

► Inferior: Veinticinco milímetros (25 mm).

► El margen superior de las hojas siguientes a la primera será de cincuenta milímetros (50 mm).

► El margen inferior en la hoja final será de sesenta milímetros (60 mm), como mínimo.

► Lugar y fecha: a dos (2) interlineas de la última línea del membrete y a partir del centro del espacio dispuesto para escritura, se escribirá "Buenos Aires" y, oportunamente, se colocará la fecha.

► Encabezamiento: se escribirá a partir del margen a cuatro (4) interlineas de "Lugar y Fecha".

Varios:

La redacción del texto será clara, concisa y en correcto español.

El empleo de palabras en idiomas extranjeros solo se admitirá cuando se trate de nombres propios o de vocablos intraducibles.

La escritura se iniciará a dos (2) interlineas debajo del encabezamiento, a partir del centro del espacio reservado para el texto y con las palabras "Tengo el agrado de dirigirme a Vuestra Honorabilidad con el objeto de someter a su consideración un proyecto de ley tendiente a..."

Nombres, apellidos y uso de caracteres mayúsculos: los nombres de personas se escribirán completos y siempre en su orden natural, el decir, primero los nombres y después los apellidos.

Se escribirán con caracteres mayúsculos: los apellidos, títulos, nombres de organismos, instituciones, países y todo aquello que por su importancia sea conveniente hacer resaltar. Del mismo modo se escribirán las cantidades y, a continuación, se las repetirá en números colocados entre paréntesis.

Coherencia, sistematización e integridad: Las normas se irán correspondiendo lógicamente, con el fin de dar una imagen coherente y armónica tanto de cada una de ellas como del funcionamiento del conjunto.

En caso de duda sobre los vocablos a emplear se recurrirá al Diccionario de la Lengua española.

La correspondencia con autoridades extranjeros deberá ser escrita en español pudiendo agregarse una traducción certificada por traductor público cuando fuere solicitada o se creyere necesaria. No será de aplicación esta norma para la correspondencia de tipo comercial.

Se emplearán términos de respetuosa consideración evitando expresiones de mera cortesía.

Para el saludo se utilizará la fórmula: "Saludo a usted atentamente" (o "con atenta consideración").

Asuntos de distinta naturaleza: en una misma nota o expediente no podrá tratarse asuntos de distinta naturaleza.

Cuando de su diligenciamiento se desprenda la necesidad de tratar un tema distinto al que le diera origen, por nota separada se iniciará el nuevo asunto.

El texto y la redacción de la documentación administrativa no podrán ser alterados por quien la reciba para su trámite mediante subrayados, transposiciones, enmiendas, agregados o cualquier otra modificación.

Pesas y medidas: se escribirán siempre en el sistema métrico decimal, pudiendo agregarse entre paréntesis, si fuera necesaria, su equivalencia en otro sistema. Las abreviaturas de medidas se emplearán tanto para el singular como para el plural.

Cuando en el texto no se indique expresamente y resulte conveniente hacerlo constar, se anotarán, al final de éste, los antecedentes utilizados, precedidos por la palabra " Referencias".

Adjuntos: cuando sea conveniente incorporar documentación o cualquier tipo de actuación para dar claridad al asunto de que se trate sin que ello implique una agregación a la actuación en trámite, se confeccionará una lista resumen de aquélla bajo el título de " Adjuntos".

Secreto o reservado: el Subsecretario del área donde se inicie la tramitación de la documentación administrativa, o el titular del ente, en su caso, podrán mediante decisión fundada y previo asesoramiento del servicio jurídico correspondiente, asegurarle carácter de "secreto" o "reservado" con estricta sujeción a lo que, sobre el particular, establezcan las normas en vigor.

Mesas de Entradas, Salidas y Archivo: son de aplicación rigurosa las normas fijadas para Mesas de Entradas, Salida y Archivo por el Decreto Nº 759/66 con las modificaciones que surgen del Decreto Nº 1759/72 (reglamentario de la Ley Nacional de Procedimientos Administrativos) sobre denominación, clasificación, foliación, agregación y desgloses, control de trámite y elementos, informes, vistas y notificaciones y disposiciones generales.

Fórmulas usuales de cortesía: para dirigirse a las autoridades, funcionarios y eclesiásticos se emplearán las siguientes fórmulas de cortesía de acuerdo a las circunstancias o al tenor de la documentación producida.

Eclesiásticos

- ► El Papa: S.S. (Su Santidad)

- ► Cardenales: S. Ema. (Su Eminencia)

- ► Nuncios, Arzobispos y Obispos: .S. E. Rvdma. (Su Excelencia Reverendísima)

- ► Internuncios: S.E. (Su Excelencia)

Funcionarios: A los restantes magistrados, dignatarios, miembros de las fuerzas armadas y funcionarios se los tratará por su cargo, anteponiendo la palabra " señor" y, al nombre, el título profesional o el grado, si lo tuviera y la palabra " Don" o "Doña" o sus abreviaturas: "D" o "Dña."

Sobres: Para la remisión de la documentación administrativa se usarán, según los casos, sobres que respeten lo establecido en las normas IRAM 3003, en todas sus partes. Asimismo, se respetarán las normas IRAM 3412, "Forma de escribir los datos del destinatario y el remitente y su ordenamiento", y 3415, " Zona reservada para franqueo e impresiones de matasellado".

Sellos: Las características, uso y colocación de los sellos se ajustarán a las siguientes prescripciones:

Aclaratorio de firma

Características: dos (2) líneas, consignado en la primera el título profesional o el grado, si lo tuviera, y el nombre y apellido del firmante y, en la segunda, el cargo o función dentro de la unidad.

Las letras de la primera línea no tendrán más de dos milímetros (2 mm) y las de la segunda serán algo más chicas guardando proporción con las primeras. Se evitarán las abreviaturas, salvo que la extensión excesiva de la leyenda las hiciera necesarias. Cuando exigencias de la función o del trámite lo requieran, se podrá agregar en otra línea el número de matrícula, permiso, etc.

El título profesional que se consigne será el que figure en el respectivo título habilitante, expedido por alguna Universidad Nacional, o Privada reconocida por el Gobierno de la Nación, lo cual será avalado por el correspondiente Servicio Administrativo de personal. Asimismo se avalarán, a través de la mencionada dependencia, los títulos de otra naturaleza para aquellos casos en que el carácter y cumplimiento de la función hagan imprescindible su uso.

Establecer la identidad y cargo del firmante

Colocación: debajo de la firma, de veinte a veinticinco milímetros (29 a 25 mm) debajo del texto y próximo al margen derecho.

Identificación de las personas que intervengan en un escrito: quien escribió, quién controló y quién lo autorizó. Si una persona interviniera en más de una de esas funciones colocará sus iniciales en tantos casilleros como corresponda.

Colocación: a diez milímetros (10 mm) debajo del texto y contra el margen izquierdo previsto para la escritura.

Lacre

Características: *d*eberá ser de veinte milímetros (20 mm) de diámetro, con un reborde exterior simple de medio milímetro (0,5 mm) de espesor. En la parte interna llevará las iniciales del organismo. El reborde y las iniciales irán en bajo relieve.

Uso: para asegurar la inviolabilidad de la correspondencia.

Colocación: estampado sobre las partes aseguradas con lacre.

Esquela

Autoridades que pueden utilizarla y limitación de uso

Ministros, secretarios, jefes de estado mayor, subsecretarios y funcionarios con jerarquía equivalente y titulares de organismos descentralizados y de empresas del Estado cualquiera sea su denominación o naturaleza jurídica.

No serán utilizadas para salutaciones de fin de año u otras finalidades similares. De corresponder este tipo de saludos a personas o entidades ajenas a la Administración Pública, ellos se efectuarán a través de los organismos de ceremonial o de relaciones públicas correspondientes.

Calidad y formato del papel

Se confeccionará en papel medio hilo, con marca, peso relativo ciento seis gramos (106 gr.) por metro cuadrado, con una tolerancia de hasta el cinco por ciento, con un formato de ciento cuarenta y ocho por doscientos diez milímetros (148 x 210 mm).

La impresión del membrete y del escudo o logotipo podrá ser realizada en el sentido del mayor o en el sentido del lado menor de la hoja. En el primer supuesto, la impresión llevará, en todos los casos, la denominación del cargo y del organismo impreso en una línea en la parte superior central, en negro sin relieve y a una línea debajo del escudo nacional en seco.

Tarjeta
Autoridades que puedan utilizarlas y limitación de uso

Ministros, secretarios, jefes de estado mayor, subsecretarios y funcionarios con jerarquía equivalente, titulares de organismos descentralizados y empresas del Estado cualquiera sea su denominación o naturaleza jurídica, directores nacionales o generales, asesores de gabinetes y funcionarios del servicio exterior.

No serán utilizadas para salutaciones de fin de año u otras finalidades similares. De corresponder este tipo de saludos a personas o entidades ajenas a la Administración Pública, ellos se efectuarán a través de los organismos de ceremonial o de relaciones públicas correspondientes.

Calidad y formato del papel

Se confeccionará en cartulina opalina, peso relativo ciento cincuenta gramos (150 gr.) por metro cuadrado con una tolerancia del cinco por ciento (5%) en más o en menos.

El formato será de cincuenta y cinco por noventa y siete milímetros (55 x 97 mm).

En una línea irán impresos el título profesional o el grado, si, correspondiere, y el nombre u apellido y, debajo, en una o dos líneas, la denominación del cargo y del organismo. La impresión será en negro con relieve ubicada en el centro de la tarjeta debajo del escudo nacional en seco, o del logotipo si correspondiere.

Modelo de carta estilo inglés

Buenos Aires, 3 de junio de 2018

Señor Coordinador de Congresos y Productos
Corporativos de Aerolíneas Argentinas S.A.
Lic. Damián Mazzotta
S/D
De mi mayor consideración:

Por medio de la presente, tengo el agrado de dirigirme a Ud. con el propósito de solicitarle quiera tener a bien otorgarnos una tarifa diferencial para los asistentes al Simposio Internacional de Relaciones Públicas que se realizará el próximo 16 de julio en el Auditorio Metropolitano y que organiza integralmente nuestra entidad.

Contaremos con la presencia de, aproximadamente, trescientos participantes, muchos de los cuales provienen del interior de nuestro país y de otros países tales como Uruguay, Chile, Perú, Colombia, Paraguay y Brasil.

El simposio persigue los siguientes objetivos: promover la dirección por valores como una herramienta de gestión de las Relaciones Públicas y la comunicación corporativa, explorar los marcos teóricos de última generación y visualizar las prácticas más exitosas de la mano de prestigiosos profesionales.

Sin otro particular, hago propicia la ocasión para saludar a Ud. con las expresiones de mi más alta estima.

Mgtr. Antonio Di Génova
Presidente.

REDIRP. Av. Rabanal 1378 "2" – 1434
Ciudad Autónoma de Buenos Aires – Argentina

Modelo de carta estilo americano

Buenos Aires, 3 de junio de 2018

Señor Coordinador de Congresos y
Productos Corporativos de Aerolíneas Argentinas S.A.
Lic. Damián Mazzotta
S/D

De mi mayor consideración:

Por medio de la presente, tengo el agrado de dirigirme a Ud. con el propósito de solicitarle quiera tener a bien otorgarnos una tarifa diferencial para los asistentes al Simposio Internacional de Relaciones Públicas que se realizará el próximo 16 de julio en el Auditorio Metropolitano y que organiza integralmente nuestra entidad.

Contaremos con la presencia de aproximadamente trescientos participantes, muchos de los cuales provienen del interior de nuestro país y de otros países tales como Uruguay, Chile, Perú, Colombia, Paraguay y Brasil.

El simposio persigue los siguientes objetivos: promover la dirección por valores como una herramienta de gestión de las Relaciones Públicas y la comunicación corporativa, explorar los marcos teóricos de última generación y visualizar las prácticas más exitosas de la mano de prestigiosos profesionales.

Sin otro particular, hago propicia la ocasión para saludar a Ud. con las expresiones de mi más alta estima.

Mgtr. Antonio Di Génova
Presidente.

REDIRP. Av. Rabanal 1378 "2" – 1434
Ciudad Autónoma de Buenos Aires – Argentina

Nota: el uso corriente que de esta modalidad se hace fundamentalmente en los EE.UU. de Norteamérica sitúa la firma también marginada a la izquierda de la nota. Sin embargo, ello no deja de ser una forma de desmerecerla, por lo que sugiero –si es que no se opta por colocarla a la derecha, utilizar el centro métrico mismo de la carta; con ello no se pierde el sentido de marginación que se le quiera dar al texto y al mismo tiempo no se desmerece la firma.

Modelo de Invitación

> # redrrpp
> .com.ar
>
> *El Señor presidente de REDIRP tiene el honor de invitar a:*
>
> ....,
> *al almuerzo que se desarrollará el día 25 de junio de 2018 a las 13 h, con motivo de un nuevo aniversario de la fundación de la entidad.*

Actualmente se extiende el reemplazo de la sigla R.S.V.P por la leyenda "Se ruega confirmar asistencia".

Capítulo 6
Ceremonial & Organización
Integral de Eventos

Qué tiene de eventual un Evento

Si bien un "evento" es –por definición de la Real Academia Española– un acaecimiento, una eventualidad, un hecho imprevisto, también es un "suceso importante y programado, de índole social, académica, artística o deportiva".

Esto, que en apariencia es un contrasentido, en esencia no lo es: la eventualidad de un acontecimiento que ha sido programado, no reside en la falta de previsión de lo que pudo y debió ser previsto; un organizador que está planificando un encuentro al aire libre por ejemplo, no podría no prever que el día en que dé comienzo pueda llover. Lo eventual de un evento es un intangible que excede al organizador.

¿Qué es entonces lo eventual de un evento? La respuesta comienza en el momento en que los actores desarrollan los contenidos programados y, en este punto, quienes organizamos no tenemos injerencia ni responsabilidad alguna.

Está, por ejemplo, en la inspiración, predisposición e impronta de los disertantes en una conferencia o congreso; en la creatividad, entrega y dedicación de un deportista en una justa; en la empatía de actores y espectadores durante un espectáculo teatral o artístico, en un contexto socio económico adverso producto de variables no controlables que afectan la capacidad de compra de los potenciales asistentes a una feria o exposición; en la apreciación, percepción e impacto que las obras de arte expuestas generan en el público asistente a un *vernissage*. Todas estas son parte del abanico de posibilidades de lo "eventual".

Son justamente los imponderables mencionados los que transforman cualquier acontecimiento especial en un evento. Y qué bueno que así sea, qué poco atrayente sería un acontecimiento en el que pudiera preverse lo que debiera surgir naturalmente. Qué poco afortunado sería, por ejemplo, el intento de planificar las sensaciones del auditorio frente a un hecho programado. Qué fútil sería la intentona de condicionar emociones frente a un acontecimiento artístico.

Finalmente, la definición, la demostración empática y la ilustración por la negativa, nos muestran que un evento es tal porque sus artífices y protagonistas son los actores y no los organizadores. Por eso, es necesario que los que somos profesionales en esta materia (e incluso aquellos que, sin conocimientos ni capacitación, incursionan en este ámbito) no nos confundamos ni confundamos más al público diciéndole que lo que ellos llaman un evento en realidad no lo es, ya que son ellos los que lo constituirán en tal, y no es nuestra tarea aleccionarlos sino lograr que así sea. Una vez más, "VOX POPULI VOX DEI".

Eventos: llegó el momento de la Profesionalización

Al igual que las empresas pasan por tres grandes momentos, a saber: la etapa de la supervivencia, la del desarrollo, crecimiento o expansión y la de la profesionalización, el creciente interés que existe en nuestro país por la formación académica y profesional en el campo de la organización de eventos, permite pensar que esta actividad va camino a dar un salto cualitativo que acompañará su crecimiento cuantitativo. Este paso hacia la calidad de gestión organizativa posicionará a la profesión en su justa dimensión estratégica.

Sabido es que un "evento" es una importante herramienta táctica de comunicación y marketing; sin embargo, su utilización puede generar consecuencias funcionales o disfuncionales: aspectos positivos y otros, muchos quizás, negativos. En definitiva, oportunidades y amenazas que, de concretarse las unas o las otras, afectarán favorable o desfavorablemente la imagen y reputación, no solo de quien organiza, sino y fundamentalmente, la de la empresa que actúa como fuente o responsable final del proceso que se desencadena con la puesta en escena de un evento. Dicho de otra manera, cuando organizamos un evento, ponemos en juego mucho más que la prosecución de los objetivos inherentes al acontecimiento. Ponemos en juego, por elevación, la percepción que de la empresa tienen los grupos de interés.

Si realizamos una mirada retrospectiva de la organización de eventos en la Argentina, nos vamos a dar cuenta de que esta ha sido en gran parte dominada por la acción de los "idóneos", o sea, personas que se fueron dando cuenta de "cómo se hace" a partir de la experimentación, utilizando el anti-método de ensayo y error, o (su versión inglesa, que parece más clara para ilustrar lo ocurrido, "hit-and-miss"), dejando, en algunos casos, tendales de consecuencias nefastas para sus clientes o para los asistentes o participantes. Conceptos tales como investigación, diagnóstico, determinación de objetivos, planificación estratégica, *brief, critical path method*, evaluación, etc., han estado ausentes en el diccionario de los organizadores más conspicuos.

Por el contrario, esta nueva etapa de fuerte expansión que vive la actividad, y que lleva a las organizaciones a un alto nivel de exposición, debe ser acompañada no solo por la prolijidad de quien ha realizado muchos eventos, sino por un sustento teórico que garantice que los objetivos comunicacionales que se persiguen con el *happening* en cuestión van a ser alcanzados, y que éstos estarán en concordancia con los objetivos, estrategias e imagen de la organización. Esto solo lo puede aportar el profesional formado en el rigor disciplinar de la ciencia.

No hay más espacio para la improvisación y los métodos heurísticos. Un evento es mucho más que una simple acción *Below-the-Line*. Es éste el gran desafío de la última etapa: la Profesionalización.

La visión *entrepreneur* y transdisciplinar, la capacidad de trabajar en equipo, la planificación estratégica, la capacidad de adaptarnos a los nuevos entornos, son algunas de las herramientas que diferencian a un profesional bien formado.

Cosmovisión, personalidad proactiva y respeto por las normas y la autoridad son prerequisitos esenciales.

Dirección Estratégica y Organización Integral de Eventos Académicos y Empresariales

La organización de un acontecimiento especial no tiene nada de "eventual" por lo que debe ser concebido y ejecutado de acuerdo a los más altos estándares de calidad organizativa y estilo. La organización de un acontecimiento especial demanda gran profesionalismo y dedicación esmerada.

Un evento es, ante todo, una herramienta de gestión táctica del área de Marketing y de Relaciones Públicas y Ceremonial de una empresa o institución. Es decir, importa beneficios tanto sea para la prosecución de los objetivos comerciales como para los comunicacionales e institucionales. Asimismo, por la naturaleza de los temas con los que trabaja –imagen, vinculación con los públicos, negocios–, posee claras connotaciones estratégicas, de forma tal que un evento reporta una serie de acciones que impactan en las metas organizacionales de corto, mediano plazo y largo plazo.

A través de un evento se puede conseguir llamar la atención, despertar interés y movilizar a toda o a una parte de nuestro público blanco (*"Target Group"*) sobre novedades de empresas, productos o servicios, sobre una innovación o mejora en los procesos de fabricación, distribución, comercialización etc., sobre el reciente o inminente lanzamiento de un producto o servicio, sobre algunos aspectos de nuestra organización menos promocionados o conocidos y que son dignos de ser puestos a la consideración del público.

Un evento es una excelente oportunidad para tomar contacto directo y personalizado con una parte de nuestra audiencia objetivo, para afianzar lazos y vínculos y para transmitir determinados conceptos y valores como ser cordialidad, calidez en el trato, interés por nuestros públicos, organización y profesionalismo y muchos otros.

Asimismo, a través de un evento se puede trabajar para perfeccionar la imagen institucional que en la mente de los públicos se va articulando. En ocasiones un evento representa la posibilidad de interactuar con los públicos en un plano transversal al que lo hacemos habitualmente.

Queda dicho entonces que a través de un evento se pueden alcanzar múltiples propósitos. Un evento nos acerca la posibilidad de fortalecer nuestra realidad institucional y promover nuevas formas de relacionamiento con nuestro *"Target Group"*. A partir de un evento podemos, inclusive, incrementar nuestra cartera de clientes o podemos iniciar un proceso para lograrlo. A diferencia de otras herramientas de comunicación y marketing, un evento nos abre una puerta para contactar en tiempo real a clientes potenciales muy difíciles de persuadir, a los que hemos intentado abordar a través de múltiples acciones y todas han resultado infructuosas: publicidad, marketing directo, e-mail marketing, fuerza de venta, etc.

A su vez, un evento puede resultar una unidad funcional a los negocios existentes en nuestra empresa o puede representar una unidad de negocios en sí misma. La organización de diferentes tipos de eventos, manejada profesionalmente, puede ser un negocio muy rentable.

La decisión de realizar un evento entraña además una serie de amenazas pues, toda vez que nos exponemos, estamos sujetos a la crítica de los diferentes públicos afectados por la acción, que evaluarán la calidad y profesionalismo de lo organizado, de manera tal que todas las ventajas que pudieron alcanzarse a través de un evento bien organizado, pueden licuarse a la luz de un evento con serias deficiencias organizativas. Hay evidencia suficiente sobre empresas que han perdido clientes importantes, que han perdido posicionamiento de imagen y consideración pública y que han tenido repercusión negativa en los medios entre otras posibles consecuencias disfuncionales.

Eventos Académicos y Empresariales

En virtud de los objetivos que persiguen, los eventos pueden ser categorizados en: Académicos, Empresariales, Sociales Culturales, Deportivos, etc.[1]

Principales Eventos Académicos

1- Congreso

Es una reunión periódica muy importante en la que los miembros de una asociación u organismo se encuentran para tratar temas predeterminados y tomar decisiones. Existen tres tipos de congresos:

Congresos abiertos: de libre acceso, se participa a todas las personas, entidades, etc., relacionadas con el tema.

Congresos cerrados: generalmente relacionados con organismos oficiales, solo son para invitados especialmente participados.

Congresos mixtos: en ellos, los invitados especiales no abonan la inscripción pero el resto de los participantes sí.

En la mayoría de los casos, este término se aplica a reuniones internacionales de ciencias médicas o profesionales, sin excluir otro tipo de organizaciones.

Los congresos se agrupan según diferentes áreas temáticas: social, cultural, científica, etc., las que, a su vez, se dividen en comités. Los congresos internacionales deberán anunciarse en algunos casos hasta con 24 meses de anticipación, los latinoamericanos, con 12 meses y los nacionales, con 10.

Es uno de los eventos más complejos para organizar por su duración de entre dos o cinco días, por la cantidad de participantes y disertantes, por la modalidad y la diversidad de las reuniones Se realizan en hoteles, centros de convenciones, palacios o burós. Si bien los asistentes buscan la información y la actualización de los profesionales, también la interrelación se toma muy en cuenta. Generalmente, se desarrollan tres sesiones plenarias: la inaugural, que informa sobre la finalidad y anuncia los temas a tratar; la media, que es para la consideración de los trabajos preliminares a las conclusiones; y la final, que es donde se elaboran éstas y los documentos del congreso. Se inicia con un acto de apertura; luego tienen lugar una reunión plenaria u otras paralelas y un acto de cierre.

Prevé tres sesiones preliminares; la inaugural, que informa sobre la finalidad y los temas a tratar; la media, donde se consideran los trabajos preli-

---

1   Di Génova Antonio Ezequiel. *Manual de Relaciones Públicas e Institucionales. Estrategias y tácticas relacionales y de comunicación.* Buenos Aires: Ugerman Editor. Segunda Edición. 2016.

minares y las condiciones; y la etapa final, en la que se informan los resultados alcanzados.

Se inicia con un acto de apertura, luego las reuniones plenarias y finaliza con una ceremonia de clausura.

2- Simposio

Del griego, *simposium*, eran los almuerzos que realizaban los médicos para discutir una enfermedad, un diagnóstico o un tratamiento. Actualmente designa la reunión de un grupo de entre 3 y 6 expertos o técnicos que dominan una profesión o tratan un tema específico cuyo propósito es exponerlo con ideas y puntos de vista divergentes ante un auditorio que comparte ese interés. Cada uno de ellos expone en forma individual, coherente y sucesiva durante 15 a 20 minutos, a veces coordinados por un moderador.

Es una buena oportunidad para que el público, una vez finalizada la actividad, posea una visión integrada de la materia tratada.

3- Seminario

Clase o encuentro en que se reúne un profesor o un profesional distinguido, relevante, con los discípulos o con los profesionales en etapa de perfeccionamiento, para llevar a cabo trabajos de investigación o análisis sobre determinados temas o *issues* propios de la actividad. La duración es relativa (puede ser de 1, 2 o más días).

El tema propuesto se desarrolla Íntegramente y con profundidad. Los disertantes no necesitan estar de acuerdo ni divergir. Al finalizar puede entregarse un certificado que acredita la participación. Igualmente, pueden desarrollarse ciclos.

Se puede integrar, como evento subsidiario, en el desarrollo de un congreso.

4- Jornadas

Es una reunión informativa de trabajo, investigación o estudio, en la que, bajo la modalidad de talleres, conferencias o encuentros que a veces duran varios días, se resuelve un problema planteado ante un auditorio interesado cuyas resoluciones y resultados se publican posteriormente. Esta denominación se debe a que cada tema se desarrolla durante un solo día: se expone, se debate y se arriba a conclusiones finalizando la propuesta en esa misma jornada.

5- Foro

Participan todos los presentes de una reunión. Generalmente constituye la parte final de simposios o mesas redondas.

Está dirigido por un coordinador, que permite la libre expresión de ideas supervisando las intervenciones y los tiempos.

6- Debate

Es una reunión informal que dura 50 o 60 minutos en la que un grupo de entre 10 a 20 personas intercambian ideas y suele ser guiada por un moderador o conductor y que puede darse luego de una asamblea, coloquio, simposio, etc.

Portavoces de cada grupo expresan sus opiniones de acuerdo con sus reglas de tiempo y temas de discusión. Puede ser presenciada por el público y aun transmitida directamente por medios de difusión.

7- Panel

Desde el punto de vista de la dinámica grupal, es la reunión en la que un grupo de hasta 8 personas conversan libremente entre sí, para dar su opinión sobre un tema determinado; no disertan sino que debaten de una manera informal. Actúa siempre un moderador que les va dando la palabra y marcando los tiempos durante un período aproximado de una hora. Al finalizar, los participantes pueden sintetizar sus ideas y se ofrece un espacio al auditorio para las preguntas. Al establecerse la interrelación auditorio-disertantes se convierte en foro; los panelistas pueden retirarse y continuar la sesión solo con el auditorio y el moderador.

Eventos Empresariales

1- Rueda de negocios

Concentración entre la mayor parte de personas con intereses comunes, donde uno representa la oferta y la otra la demanda. Un coordinador registra el interés de cada parte y les fija una cita.

Habitualmente se realizan en el marco de congresos, y exposiciones con exposiciones paralelas.

2- Workshop

Del inglés, "reunión de trabajo". El término nace de las reuniones de turismo pero se ha extendido a todo aquello que sea trabajo de taller. Es para profesionales de un mismo rubro, actividad o profesión. Puede hacerse en los salones de un hotel. Cada expositor ofrece un espacio de diálogo y de información a los profesionales del rubro. Es una reunión cerrada, por invitación.

3.- Desayuno de trabajo

Reunión, a primeras horas de la mañana, de un grupo de personas para hablar sobre un tema predeterminado, durante una hora y media a dos horas. El servicio de desayuno es sencillo. Hay un conductor pero no necesita demasiada formalidad. Si se invita a más personas es conveniente que haya más conductores o coordinadores, pues ya que se trata de un intercambio de ideas, se hacen preguntas y se plantean propuestas. Se puede realizar en el mismo ámbito de la empresa, fábrica, institución o en una confitería, el restaurante de un hotel, etc.

4- Asambleas

Son reuniones numerosas de personas con fines sociales, culturales o económicos, reuniones que buscan consenso entre las partes sobre la toma de decisiones.

Asambleas ordinarias: aprobación de balances, presupuestos, etc.

Asambleas extraordinarias: aprobación especial del tema. Cuando la resolución no está prevista en el estatuto.

5- Reuniones de lanzamientos, relanzamiento y posicionamiento de productos y servicios

6- Cursos de capacitación y motivacionales para público interno o mixto

7- Reuniones y acciones con la prensa

8- Participación en Ferias y Exposiciones

Definiciones de otros tipos de Eventos

Aniversario

De una persona, de un lugar específico o de una situación. Se realiza una reunión para conmemorar un hecho anual, ya sea un nacimiento, la creación o la fundación de algo. Puede tener un fundamento social o motivación comercial, cultural, etcétera. También se designa con este nombre al acto que se celebra al cumplirse la fecha del fallecimiento de una persona; en este caso, la ceremonia tiene el cariz que corresponde al recuerdo, reconocimiento, evocación, con la emoción y el recogimiento que la situación merece. En ambos casos se dicen unas breves palabras, preferentemente leídas; pueden hablar dos o tres personas cuidando su extensión, con mayor razón si los invitados están de pie.

Coloquio

A diferencia de las asambleas, es una reunión informal en la que expertos o profesionales de diversas disciplinas exponen sus conocimientos, se discute el tema propuesto y puede o no llegarse a un acuerdo. Es un intercambio de ideas de difusión pública.

Conferencia

Es una reunión en la que una o varias personas exponen en torno a un tema determinado. Es necesario que el organizador conozca la duración (que deberá ser acotada) de la disertación y si el orador utilizará equipamiento técnico, como parlantes y micrófonos. También si requerirá retroproyector, videos o PC para hacer más amena la charla o para visualizar mejor los temas propuestos. Generalmente, las conferencias tienen lugar en un recinto cerrado donde el público está sentado. La difusión previa se hace a través de las secciones específicas de los diarios o en medios especializados. Muchas son gratuitas. No es necesario ofrecer bebidas o comida. Siempre hay un presentador que, con unas breves palabras, informa el perfil del congresista. Si la disertante es una señora, se le puede obsequiar un ramo de flores.

Conferencia de prensa

Es una reunión para difundir una información determinada. Cuando es "cerrada", es exclusiva para los medios y cuando es "mixta" es para público y prensa. La forma y el lugar en donde desarrollarla, pueden tener distintas características. Tradicional, en algún salón o cualquier fantasía, desde invitar a un crucero a pasar un día en el campo. Una vez seleccionados los medios a los que se dirigirá, se cursan las invitaciones y se hace la confirmación correspondiente. Deberá aclararse si asistirán fotógrafos o camarógrafos. En la entrada, una recepcionista tomará nota de las personas que asisten, a qué medios corresponden y cuáles son sus necesidades (lugar privado para entrevistas, material gráfico, iluminación especial). Luego, una persona de la institución, o el convocante, explicará el motivo de la reunión. Complementando la información, podrá mostrarse un video. De acuerdo con la hora, se ofrecerá una comida, cóctel, etcétera. Al retirarse los convocados, se les entregará material informativo y algún obsequio. Es conveniente prever y destinar un espacio apartado para las entrevistas privadas.

Convención

Es una reunión formal y generalizada (que puede ser abierta o no) de un grupo de personas que comparten intereses similares, ya sea comerciales, industriales, profesionales, políticos, particulares, religiosos o de otra índole y que convergen en una fecha y lugar, determinados previamente, para convivir, tratar asuntos de interés común y tomar, en algunos casos, decisiones al respecto. Es una reunión informativa. Puede ser institucional, de asociaciones o empresarial. Las convenciones corporativas son las que organizan las grandes empresas con el objetivo de motivar, capacitar y entrenar a su personal. Se caracterizan por ser obligatorias, frecuentes y por su mayor volumen de asistencia, ya que los gastos están a cargo de la empresa.

Desfile de modas

Es la reunión en donde se muestra la ropa que marca la tendencia: sus formas, telas, colores y diseños se muestran a los medios, a los mayoristas y al público en general. Hay distintos tipos de desfile: el tradicional o clásico, donde 10 o más modelos muestran las prendas con un orden preestablecido sobre una pasarela. Puede realizarse en hoteles, salones, al aire libre alrededor de una pileta, en la calle, en una galería comercial o en escalinatas (como las de Piazza Spagna, Donne sotto le stelle, que inspiró a los que se hicieron en Buenos Aires, en las escalinatas de la Facultad de Derecho; en Rosario, en el Monumento a la Bandera y el que se realizó en el Regimiento de Patricios). Se debe mencionar el desfile realizado en el Estadio de Francia, con motivo del cierre de la Copa del Mundo en agosto de 1998 con la moda de Yves Saint Laurent y 300 *mannequins* desfilando en el estadio.

Exposición

En sus orígenes, en las exposiciones solo se exhibía. El hecho de que haya incorporado aspectos propios de la feria, como la venta de productos, conservando la antigua denominación, es propio de este siglo. Si bien suelen durar entre 3 y 15 días, algunas exposiciones internacionales (como Expo Sevilla, América 92 o Lisboa 98) se extienden durante varios meses. Se realizan en espacios creados expresamente, denominados predios feriales. Grandes obras han persistido luego de las ferias o exposiciones internacionales, como, por ejemplo, la Torre Eiffel (edificada con motivo de la Exposición Universal de París, en 1889).

Feria

La diferencia con las exposiciones es que, además de los stands de venta, incluye atracciones (entretenimientos, juegos, espectáculos).

Entre las más importantes se destacan: Feria Internacional de Buenos Aires. El libro del Autor al Lector (Feria del Libro), Feria Internacional de Materiales y Tecnologías para la Construcción (FEMATEC), *"Business to Business"* (con congreso paralelo), Feria de las Naciones, Exposición de Ganadería, Agricultura e Industria Internacional ("la Rural"), Ferimar (Mar del Plata), Feria del Sol y las versiones de cada provincia y ciudades del interior.

Inauguración

De acuerdo a las circunstancias, siempre es una reunión festiva donde se comentan los pasos y logros que permitieron alcanzar ese objetivo. Se invitará a conocer y recorrer el lugar y se ofrecerá un convite adecuado a las instalaciones, al horario y al espíritu que desee darse. Se puede ofrecer un audiovisual. A veces se invita a autoridades. Los creyentes suelen hacer bendecir el nuevo espacio por un sacerdote o pastor.

Homenaje

Se hace en recuerdo de una o varias personas (en vida o ya fallecidas) o también a distintas instituciones por su trayectoria o por una acción que merece destacarse. De acuerdo al objetivo que se persiga se llevarán a cabo la programación y el desarrollo. Se puede narrar o mostrar en un video los aspectos de la situación vivida. Una persona hace la presentación y comenta las razones que se evaluaron para tomar esa decisión. Si asiste una señora o señorita allegada al homenajeado o a la institución, se le podrá hacer entrega de un ramo de flores. Se puede honrar con diferentes títulos, por ejemplo, *honoris causa* ("por causa del honor") o *cum laude* ("con alabanza"). Se realiza en una sala o auditorio, en el mismo lugar donde se desarrolló la acción que merece distinguirse, etcétera. Al finalizar se ofrece un vino de honor o una cena.

Mesa redonda

En dinámica de grupos, esta denominación es para reuniones similares al simposio pero los exponentes tienen puntos de vista divergentes, diferentes u opuestos, lo que los lleva a debatir. Tiene una duración de entre 50 a 60 minutos. Participan entre 4 y 6 personas y siempre es conducida por un coordinador, el cual hace las presentaciones de cada participante y le da 10 minutos a cada uno para su exposición. Al finalizar la misma, se ofrece un espacio para preguntas.

Presentación de libros

Puede hacerse en una librería, un auditorio, una biblioteca o en el salón de un hotel. La Feria del Libro también es un lugar elegido para este fin, pues presta un marco adecuado: allí está el público interesado directamente que desea estar en contacto con el autor. Generalmente, una o dos personas presentan al autor y hablan sobre su obra. Puede leerse uno o varios párrafos; en el caso de libros de poemas, algunas poesías o, si es un texto teatral, representarse una escena. Se invitará a familiares y amigos del escritor, a críticos literarios, a alumnos de talleres y a periodistas de las secciones especializadas de los medios. No es obligatorio servir nada, pero según donde se desarrolle el acto, podrá ofrecerse un vino de honor. Generalmente se utiliza un sector para la venta del libro que se presenta, aprovechando la posibilidad de que el autor firme los ejemplares. A veces, conmemorando esta ocasión, se hacen tiradas reducidas, numeradas y en papel especial. De acuerdo a la temática y al autor podrán realizarse otro tipo de actos, ejecutar música, danza, proyección de un video, etcétera.

Vernissage

Del francés, *vernis*: "barniz". Es el acto de apertura de una exposición. Antiguamente, cuando los pintores finalizaban su obra, le daban una capa de *vernis* para protegerla e invitaban a los amigos a verla. En la actualidad, las exposiciones generalmente se hacen en una galería de arte. Igualmente, pueden realizarse en un museo, en el lobby de un hotel, etcétera. Durante su desarrollo, habla un crítico o hace la presentación algún artista y, al finalizar, se ofrece una copa de *champagne* o vino. La convocatoria se hace a través del mailing del artista o de la misma galería de arte. También se colocan pósters o carteles en casas de decoración o de antigüedades. Un aspecto a tener en cuenta es la seguridad de las obras expuestas: en general, las galerías de arte cuentan con ese seguro pero es indispensable estar informado sobre si es necesario contratarlo aparte. Para el lucimiento de las obras deberá cuidarse la iluminación, ya que incide en la buena apreciación de ellas.

Proceso de Dirección y Organización del Evento

Todo estratega de eventos debe investigar para obtener información. La información es el elemento esencial para tomar decisiones, y él nos posibilita planificar, ejecutar y evaluar los resultados.

A. Investigación y diagnóstico

En una primera etapa debemos requerir información a nuestros clientes. Se deben pedir datos estructurales de la organización, y lo podemos hacer a través de cuestionarios (*Brief*).

A.1 Brief

Datos que deben pedirse para realizar un *brief*:

* Nombre de la empresa.
* Actividad.
* Productos y/o servicios que comercializa.
* Público al que apunta (*target group*):

> ▶ Público global.
>
> ▶ Público al que quiere apuntar el evento.

* Presupuesto con el que vamos a contar (parámetro crítico financiero).
* Aspiraciones del cliente (económicas y financieras).
* Conocer el tipo de evento (saber su intención, su propósito, qué se busca).
* Nómina de Directivos de la organización, y su potencial participación en el evento, o sea quiénes van a cumplir labores ejecutivas y quienes solo van a figurar en forma nominativa.
* Fecha tentativa.
* Oradores previstos (nacionales, internacionales).
* Invitados especiales.
* Base de datos.
* Lugares alternativos de realización.
* Financiación del evento.
* Probables sponsors o patrocinadores.
* Auspicios nominativos.
* Determinación de la cantidad de participantes matriculados e invitados especiales.
* Organigrama actual de la institución.

Ejemplo de un *Brief* para un Evento Empresarial

BRIEF

Nombre de la Empresa	CORPORACION DE TELECOMUNICACIONES EP
Actividad	TELECOMUNICACIONES
Productos que comercializa	TELEFONÍA FIJA, MÓVIL, INTERNET, TV Y DATOS

Público al que apunta el evento	• Personal interno • Prescriptores o líderes de opinión • Clientes Corporativos • Medios de Comunicación
Presupuesto	US$ 30.000
Aspiraciones del cliente	Incrementar el portafolio de clientes y su fidelización, ganar imagen y prestigio.
Tipo de evento	PRESENTACIÓN DE LOS NUEVOS SERVICIOS DE LA COMPAÑÍA.
Nómina de Principales Directivos de la organización	• Director General. • Director Nacional Técnico. • Director Nacional Financiero Administrativo. • Director Nacional Comercial.
Fecha tentativa	VIERNES 30 DE NOVIEMBRE DE 2018
Oradores previstos	• Director General • Director Nacional Técnico • Director Nacional Comercial
Invitados especiales	Autoridades del área de la ciudad y provincia Representantes del sector Comercial, Profesional, Industrial, Banca privada. Medios de Comunicación
Lugares posibles para la realización	Hotel Sheraton. Hotel Hilton.
Financiación del Evento	FONDOS PROPIOS + Sponsors
Probables Sponsors	EMPRESAS PROVEEDORAS DE LA NUEVA TECNOLOGÍA
Asistentes	300 PX.
Misión Empresarial	"Unimos a todos los ciudadanos integrando nuestro país al mundo, mediante la provisión de soluciones de telecomunicaciones innovadoras, con talento humano comprometido y calidad de servicio de clase mundial"
Visión Empresarial	"Ser la empresa líder de telecomunicaciones del país, por la excelencia en su gestión, el valor agregado que ofrece a sus clientes y el servicio a la sociedad, que sea orgullo de los ecuatorianos"
Valores Empresariales	• Trabajamos en equipo • Actuamos con integridad • Estamos comprometidos con el servicio • Cumplimos con los objetivos empresariales • Somos socialmente responsables

Organigrama	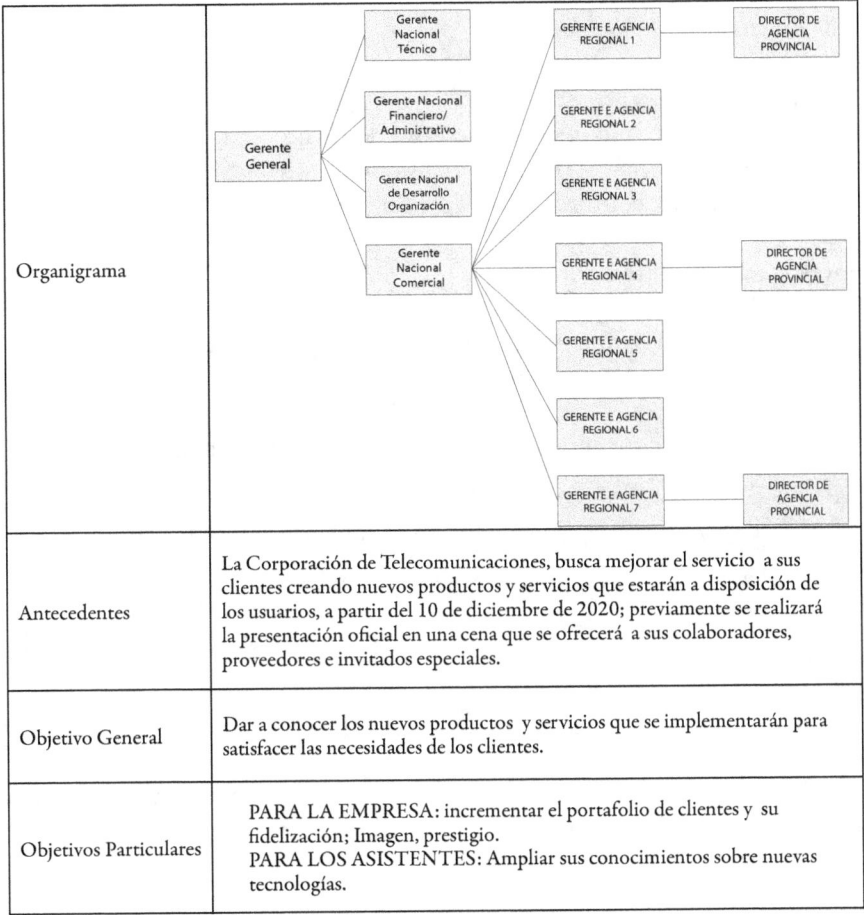
Antecedentes	La Corporación de Telecomunicaciones, busca mejorar el servicio a sus clientes creando nuevos productos y servicios que estarán a disposición de los usuarios, a partir del 10 de diciembre de 2020; previamente se realizará la presentación oficial en una cena que se ofrecerá a sus colaboradores, proveedores e invitados especiales.
Objetivo General	Dar a conocer los nuevos productos y servicios que se implementarán para satisfacer las necesidades de los clientes.
Objetivos Particulares	PARA LA EMPRESA: incrementar el portafolio de clientes y su fidelización; Imagen, prestigio. PARA LOS ASISTENTES: Ampliar sus conocimientos sobre nuevas tecnologías.

A.2 Entrevistas

Entrevistas con personalidades claves:

► Directivos.

► Representantes del sector.

► Líderes de opinión (formal e informal).

► Muestra representativa del *target* del evento.

Las entrevistas podrán ser, de acuerdo al grado de informaciones previas, totalmente estructuradas, semi-estructuradas o desestructuradas, en las que se podrán utilizar preguntas abiertas, cerradas, con alternativas fijas y/o escalas de opinión.

A.3 Investigaciones de Mercado

Investigaciones operativas

Se determina cómo opera el mercado desde un punto de vista cuantitativo. Por ejemplo: hoteles, salas de reuniones o convenciones, servicios, elementos auxiliares, conformación del público etc.

Investigaciones motivacionales

Son de orden cuali-cuantitativo, en las que se buscan determinar los gustos, preferencias, deseos y motivaciones del público real y potencial.
Objetivos: proposición que contiene:

► Intención: qué quiero realizar. Debe ser posible, creíble y realizable.

► Proporción o medida: cuánto, se cuantifica la intención.

► Plazo: cuando lo quiero realizar. Puede ser a corto, mediano o largo plazo.

B. Planificación

Cómo alcanzar un objetivo, cómo lograrlo. Aquí comienza un proceso de toma de decisiones.
Planificar es imaginar un escenario futuro.

Decisiones
► Estratégicas.

► Tácticas.

► Procedimientos u operativas.

Estratégicas: Qué queremos
Plan para determinar qué vamos a hacer, por qué, para quién. Son decisiones fundamentales. Quienes toman estas decisiones son los capitalistas, los dueños o los representantes de la organización.

Tácticas: Cómo lo vamos a lograr
Saber qué rumbo hay que seguir para lograr el camino estratégico. A veces es necesario definirlo con los parámetros críticos de eficiencia (algo que

varía poco, por ejemplo: tiempo, dinero). Estas decisiones son tomadas por los gerentes o los mandos medios.

Procedimentales u operativas: Quién lo hace
Importa la técnica, conocimientos, habilidades y destrezas del que realiza.

B.1 Realización del Organigrama del Evento

B.2. Determinación de las acciones a implementar

- ▶ Nómina de autoridades honorarias y ejecutivas.
- ▶ Contratación de lugar físico de realización.
- ▶ Concertación y/o contratación de los disertantes.
- ▶ Designación de colaboradores.
- ▶ Desarrollo *planning*.
- ▶ Fijación de las reuniones de trabajo.
- ▶ Determinación y contratación de servicios varios.

Checklist sugerido, seleccionable según el tipo y alcance del Evento:

1. Selección y/o contratación de la sede o lugar de realización del Evento.
2. Sonido.
3. Iluminación.
4. Locución.
5. Maestro de Ceremonias.
6. Regalos / obsequios.
7. Arreglos florales / ornamentación.
8. Artistas / Modelos / Shows.
9. Seguridad (personas, equipamientos).
10. Limpieza.
11. Programas preliminares.
12. Programas definitivos.

13. Papelería en general: tarjetas, carpetas de prensa, hojas carta, tarjetas personales, comerciales, carpetas de invitación, diplomas, credenciales, folletos del evento, cuestionarios, afiches, invitaciones, etc.

14. Publicidad.

15. Prensa.

16. Lunch - Cóctel de bienvenida y clausura.

17. Filmación.

18. Promotoras.

19. Personas auxiliares –asistentes del salón, recepción e informes– y camareras/os.

20. *Brochure* de producto o servicios.

21. Telemarketing.

22. Sondeos de opinión.

23. Transporte.

24. Alojamiento para disertantes e invitados especiales.

25. Gastos de representación.

26. Viáticos (organización y disertantes).

27. Intérpretes / Traductores.

28. Musicalización.

29. Base de datos / listados.

30. Ceremonial & Protocolo.

31. Comercialización.

32. Diseño de papelería (programas, folletos, impresiones, tarjetas de identificación, disertantes/participantes, diplomas, carpetas comerciales, prensa etc.).

33. Servicio de fotocopiado.

34. Salón, lugar físico.

35. Equipo de trabajo.

36. Impuestos.

37. Servicios auxiliares (cañón, pizarras, rotafolios, multimedia, video etc.).

38. *Coffee Breaks.*

39. Disertantes.

40. Dispensers de agua / gaseosa / café, etc.

41. Telefonía móvil, equipos de intercomunicación.

42. Servicios de hospitalidad para disertantes e invitados especiales.

43. Material teórico de apoyo para participantes.

44. Climatización.

45. Sistemas de cobranzas.

46. Banderas / Estandartes

47. Cartelería.

48. Grabaciones, desgrabaciones.

49. Computación (software, hardware).

50. Turismo social y actividades extra-programación.

51. Correo postal y privado.

52. Estructuras aerosostenidas y tensadas.

53. Escenarios.

54. Fotografía.

55. Hoteles /convenios por alojamiento para asistentes, etc.

56. Láser / efectos especiales

57. Medallas, trofeos y plaquetas.

58. *Merchandising.*

59. Señalización.

60. Mesas, sillas / mobiliario.

61. Stand (diseño y condiciones).

62. Tarimas y alfombras.

63. Seguros.

64. Eventos subsidiarios.

65. Dirección artística.

66. Degustaciones / promociones.

67. Media Partners.

68. Auspicios.

69. Designación de Comité Organizador.

70. Carpetas y maletines para participantes.

71. Pins.

72. Mensajería.

73. Listados de invitados especiales.

74. Web-site del evento.

75. Social Media Marketing.

76. Fijación de reuniones de trabajo.

77. Desarrollo del *"planning"*.

78. Calendarización de los acciones.

79. Cursación de invitaciones.

80. Sistema de acreditación.

81. Pago de permisos municipales, tasas, cánones, etc.

82. Relaciones Públicas.

83. Email Marketing.

84. Transmisión en Video Streaming.

85. Patrocinios.

86. Fijación de precios de inscripción.

87. Paquetes turísticos.

Tareas básicas de Comercialización referidas a un Evento

Un Evento puede realizarse bajo la égida de variadas formas de financiación, a saber:

Financiación Interna

Se aplica en los casos en los que el responsable institucional (nuestro cliente) sea el encargado de aportar los fondos necesarios para la realización de un evento. No representa para nosotros –los responsables técnicos– ningún desafío desde el punto de vista de su comercialización, puesto que no se requerirá de los aportes de terceros; ni para la compra o contratación de elementos y servicios concernientes a la organización del evento, ni para cubrir los costos de los participantes o asistentes a éste.

Financiación Externa. Eventos Autofinanciados

Esta modalidad probablemente sea la que mayores dificultades nos presenta. Se trata de conseguir la totalidad de los fondos necesarios para cubrir el nivel de expectativas planteado por los responsables institucionales del Evento al momento de definir las metas presupuestarias.

Financiación Mixta

De todas formas, aun se tratare de conseguir externamente la totalidad de los recursos económicos necesarios, los responsables Institucionales deberán aportar un capital inicial para poder realizar las primeras acciones conducentes a la organización del evento: (Diseño de elementos de identificación, realización de material de apoyo a ventas, folletería, presentaciones, propuestas comerciales, etc.). Si bien se trata de un importe que puede variar de un evento a otro, la experiencia nos indica que nunca podrá ser inferior al orden del 10% del presupuesto total.

Fijación de Precios

Para la correcta fijación de precios referidos a inscripciones o venta de "tickets" para asistentes al evento se deberá realizar una serie de acciones preliminares, como ser:

1. Analizar con detenimiento las variables relativas a "nivel de ingreso" y "poder adquisitivo" de las personas que conforman el "*target group*" definido oportunamente para el evento.

2. Establecer las necesidades de financiamiento que pudieren requerirse.

Definición de precios

Los dos precios más importantes que tenemos que determinar durante el proceso de organización de un evento son los correspondientes a la inscripción y los patrocinios en todas sus categorías.

Precio de inscripción o entrada al Evento

El primer y más sencillo procedimiento a la hora de establecer un precio de participación a un evento o "ticket" es el de dividir el costo total del evento –incluidos todos los ítems que a egresos se determinaren–, por la cantidad de público que acudirá al evento estimada de forma realista.

Desde luego que el interés de los potenciales asistentes está en línea directa con una serie de factores principales:

- ▶ Valor agregado de la propuesta.

- ▶ Originalidad en el contenido y tratamiento del evento.

- ▶ Que nuestro evento no se superponga con otros eventos –de todo tipo– que conciten la atención del público meta o requieran de su participación prioritaria.

- ▶ Competencia ofrecida por otros eventos de características comparables.

- ▶ La calidad y conveniencia percibida por parte del público sobre nuestra propuesta.

- ▶ El contexto general del mercado y la sociedad.

Ahora bien, una vez considerados estos múltiples factores estaremos en condiciones de discernir si el precio al que arribamos es un precio o representa un valor- que el público esté dispuesto a pagar por él.

Si el costo total de un evento es $100.000 y esperamos contar con una asistencia del orden de las 160 personas el precio para cubrir la totalidad de lo requerido será de 100.000 sobre 160, o sea: $ 625.

La pregunta en este punto es: es éste un precio que el público esté dispuesto a pagar por asistir a nuestro evento. Si la respuesta es sí, todo lo que lleguemos a recaudar a través de los patrocinios representará un mayor nivel de ganancias o utilidades. Lamentablemente por estos días, y en virtud de la diversidad de la oferta, difícilmente éste sea el escenario, muy por el contrario, quizás el precio que el público esté dispuesto a abonar no sea superior al 50% de lo necesario.

En este caso el 50% restante deberá provenir de los "sponsors".

Inscripción temprana

Esta metodología financiera para adelantar el flujo de ingresos adquiere gran relevancia toda vez que éstos sean necesarios para hacer frente a los adelantos o pagos parciales o totales, según corresponda, de los servicios y productos presupuestados.

Precio para Patrocinadores del Evento

Como primera medida, se deberá listar a los potenciales patrocinantes, en virtud del interés que nuestro evento puedas representarles, tanto en el ámbito comercial como de imagen e institucional.

Para definir el precio y tipo de patrocinios será de vital importancia establecer y listar todos los espacios y formas de participación comercial que el evento puede ofrecer:

▶ Figuración en los Programas.

▶ Participación en el cartel del escenario.

▶ Mención en los carteles ubicados en la fachada o proximidades del lugar donde se realizará el evento.

▶ Banderas en ubicaciones varias.

▶ Colocación del isologotipo del patrocinante en folletería, avisos publicitarios, afiches para vía pública y carteleras, etc.

▶ Posibilidad de exponer a través de un stand en el hall del lugar donde se desarrollará el evento.

▶ Realizar acciones de Marketing Promocional durante el desarrollo del evento.

▶ Otras.

Una vez definidas las posibles formas de patrocinio puede establecerse un criterio de categorías, del tipo Patrocinador Principal o "*Main Sponsor*" y de sponsors secundarios o apoyos especiales.

Siempre es aconsejable la presencia de más de un sponsor principal, dos o tres idealmente, puesto que un solo patrocinante puede aparecer, frente a la audiencia, con un protagonismo igual o superior al de la entidad organizadora.

La propuesta comercial, tanto para los patrocinadores principales como para los secundarios, puede adquirir el formato de "packs". Cada paquete contará con un detalle de los espacios publicitarios a los que se accede, debidamente graficado e ilustrado para la correcta visualización por parte de los interesados.

La sumatoria de todos los paquetes disponibles deberá rondar en un precio ligeramente superior al que se necesitare para cubrir los requerimientos de fondos estipulados, de manera tal de poder acceder a eventuales solicitudes de rebajas en el precio que los interesados pudieren plantear en las negociaciones.

Las tareas de comercialización de espacios publicitarios y de promoción deberán comenzar tempranamente (ni bien se hayan definido los parámetros básicos del evento: fecha, lugar, a quién va dirigido, objetivos, programa tentativo, etc.) ya que se trata de negociaciones de cierta complejidad. Asimismo, será conveniente realizarlas con una anticipación tal que nos permita pugnar por ingresar en el presupuesto del área pertinente de nuestro potencial cliente para el próximo ejercicio. De no ser así, nuestras posibilidades disminuirán considerablemente puesto que estaremos luchando por una porción mucho menor de presupuesto disponible de la empresa para ese mismo año y en el capítulo "contingencias" que no suele superar el 10% del monto total de lo dispuesto para el área.

Flujo de Fondos

Una herramienta de vital importancia para chequear en tiempo real el devenir de un Evento es el de observar el correcto desempeño de los ingresos y egresos previstos a un Evento.

Cualquier imprevisto en este sentido tiene que tener el remedio indicado. Si hay un retraso en ingresos proveniente de inscripciones tempranas a un Congreso, por caso, o el aporte proporcional de un patrocinante, se deberá contar con la inyección de capital propio o de terceros, necesaria para equilibrar el desfasaje. Lo peor que puede pasar con un Evento es que no se realice. No hay peor descrédito reputacional para una marca o institución que cancelar sus eventos por falta de financiamiento o repercusión.

Los recursos económicos no necesariamente deben integrarse en el mismo momento, por lo que será de vital importancia contar con el detalle cronológico en el que se espera se hagan efectivos determinados ingresos y egresos.

Por ejemplo:

▶ Ingresos

- Participantes

- Sponsors

- Videos / *Merchandising*

- – Aportes de capital
- – Otros
- – Subtotal
- ▶ Egresos:
  - – Almuerzo y *coffee*
  - – Videos
  - – Alquiler salón, aulas, etc.
  - – Viáticos
  - – Porta credenciales
  - – Presentes varios
  - – Comisión ventas stands
  - – Hojas e impresión diplomas
  - – Carteles escenario y entrada
  - – Almuerzos VIP
  - – Folletos
  - – Carpetas
  - – Pasantes
  - – Imprevistos 10%
  - – Servicios de OPC
  - – Impuestos
  - – Otros
  - – Subtotal

Rentabilidad= Ingresos - Egresos

Inscripción temprana

A través de la inscripción temprana intentaremos integrar la cantidad de efectivo que el *"planning"* de egresos demande. Es razonable pensar en obtener hasta un 20% de inscriptos a tres o cuatro meses vista del evento hasta llegar al máximo posible de inscripciones aseguradas para antes del comienzo del acontecimiento especial.

Patrocinios

A través de los patrocinantes es razonable aspirar a integrar un adelanto del pago total –del orden del 30% de lo acordado– antes de los tres meses previos al evento e ir integrando el resto, idealmente, hasta la última fecha propuesta que, dependiendo del evento, puede oscilar entre 15 a 30 días de antelación.

Los honorarios del Organizador

Existen dos modalidades básicas a la hora de establecer el criterio para determinar el costo que implicarán los servicios profesionales del OPC:

Porcentaje fijo

A través de un porcentaje del monto total a invertir

Dependerá de la magnitud de la inversión. Empero, resulta de práctica usual aplicar una comisión de agencia que oscila entre el 10 y el 15% de lo que se invertirá en el evento.

Para estos casos, lo aconsejable es que los costos de los proveedores y servicios que se contrataren para la realización del Evento corran por cuenta y orden del organizador institucional (empresa o institución que contrata).

Nuestro trabajo en este sentido se circunscribirá a ofrecer siempre las mejores y más convenientes alternativas; por ejemplo, poniendo a consideración del cliente una terna de proveedores para la materia y que sea el mismo cliente el que ultime los detalles de la compra, las condiciones y forma de pago. Con este tipo de prácticas se elimina cualquier sospecha de sobreprecio que pudiere existir.

Canon fijo

En este caso los servicios profesionales del OPC se abonarán a través de un canon o monto fijo que deberá cubrir los costos del personal involucrado en la tarea de organización más una rentabilidad deseada. Este canon no incluye los costos de proveedores y servicios externos, a no ser que así se haya convenido.

En este caso se trata de un riesgo que cada Organizador Profesional de Eventos sabrá si desea correr.

Para establecer un monto razonable de precio del canon es pertinente estimar la cantidad de horas hombre –de todo el personal involucrado–

que demandará la atención de esta cuenta en particular: Consultores "Seniors" & "Juniors", diseñadores, auxiliares, etc.

La participación de "*Media Partners*"

Si bien los apoyos que otorgan los medios de comunicación para la promoción y difusión de un evento no representan necesariamente aportes de tipo dinerario, el hecho de contar con un impulsor de gran magnitud potencia todo el andamiaje del proceso de comercialización y ventas de un Evento. La contraprestación que reciben los medios de comunicación o grupos de multimedia que actuaron como "*media partner*" consiste, por lo general, en la figuración de su isologotipo y mensaje de posicionamiento (slogan) en las distintas herramientas con las que se promocione el Evento (avisos audio-visuales, medios gráficos, vía pública, etc.).

C. Ejecución

Es la puesta en práctica de todas las acciones planificadas.

D. Evaluación

Se realiza una vez concluido el evento, a diferencia de los controles que se realizan durante los tres pasos previos.

Evaluamos si alcanzamos total o parcialmente los objetivos propuestos.

Análisis práctico de la organización de eventos

A los efectos de que se puedan visualizar los distintos pasos para la realización de un evento, tomaremos como puntos de referencia la organización de un congreso, la participación de una empresa en eventos organizados por terceros y la de un evento para público interno.

► A). Congreso.

► B). Participación de una empresa en un evento organizado por terceros.

► C). Eventos para público interno.

A). Planificación de un Congreso

En el mundo actual, la necesidad de celebrar congresos constituye un imperativo determinado por el complejo desarrollo científico, tecnológico o cultural de nuestro tiempo.

A través de los congresos se facilitará una rápida difusión de los avances conseguidos y se crean intranquilidades constructivas.

Éstos son el medio más adecuado para un intercambio fructífero de puntos de vista y la fijación de líneas operativas comunes.

En un congreso se reúnen personas para deliberar sobre negocios, asuntos de gobierno, regular asuntos internacionales, comunicar progresos o avances recientes sobre la materia tratada.

Todo congreso es un medio de comunicación directo entre personas, grupos, administración y administrados, por lo cual su importancia es grande y sus resultados suelen ser siempre positivos.

En base a un presupuesto preestablecido o a determinar, las principales tareas a desarrollar son:

1. Formación de una comisión organizadora con la inclusión de personalidades procedentes de los campos que vayan a ser objeto de cada uno de los temas a tratar.

2. Realización de un estudio previo de los presuntos asistentes teniendo en cuenta la temática de su alcance.

3. Nombramiento de Presidente, Secretario General y Director de Ceremonial & RR.PP. y demás autoridades.

4. Si el Congreso es en el ámbito nacional, su preparación exige un mínimo de 6 meses, y si es internacional, el tiempo mínimo es de un año.

5. Establecimiento de un *"planning"* (diagrama de Gantt) que incluya todas las fases preparatorias debidamente definidas con las fechas de comienzo y terminación de éstas. La fijación de las fechas de celebración debe basarse en un estudio previo, procurando evitar que coincida con eventos que le resten asistencia y brillo.

6. Elección y reserva, para las fechas necesarias, del local idóneo donde celebrar el Congreso. De ser posible, se debe establecer allí la secretaría permanente, como punto de referencia del congreso.

7. Preparación de la intervención de las más calificadas y relevantes personalidades para exponer y desarrollar las materias a tratar (conferencias – ponencias).

8. Obtención de la colaboración de dichas personalidades y su confirmación por escrito, recordándoles la necesidad de contar con su charla o ponencia 60 días antes de la celebración del congreso y con una síntesis de ésta 120 días antes, para la elaboración del programa tentativo.

9. Elaboración del programa con las materias a tratar, teniendo en cuenta que pueden ser desarrolladas en los plazos de tiempos establecidos.

10. Tres meses antes de la celebración se elige al Presidente Honorario del Congreso, y debemos asegurarnos que tanto a la inauguración como a la clausura del Congreso asista una personalidad relevante, del ámbito político o institucional, relacionada, aunque sea indirectamente, con el tema.

11. Elaboración de un Programa Social, contactando firmas comerciales para que obsequien a cada congresista con muestras de productos, demostraciones y degustaciones. Visitas guiadas a industrias y/o instalaciones públicas o privadas. Si el Congreso tiene carácter profesional, es aconsejable programar visitas técnicas a las mejores fábricas, laboratorios, centros artesanales, turísticos, etc., del sector al que pertenezcan los participantes.

12. Elaboración de un Programa Turístico y Cultural para los congresistas y acompañantes, que puede servir de complemento a las acciones de trabajo sin perturbarlas.

Presupuesto 6° Congreso Argentino de Cardiología

Item	Neto	IVA	Previsto	Real
Sede - Hotel Panamericano	700.000,00	147.000,00	847.000,00	880.000,00
Salones, habitaciones, coffee breaks, comidas				
Invitados Nacionales y Extranjeros	250.000,00	0,00	250.000,00	330.000,00
Pasajes aéreos y transfers				
Audiovisuales	100.000,00	21.000,00	121.000,00	145.000,00
Sonido, video e interpretación simultánea				
Secretaría y salas	60.000,00	12.600,00	72.600,00	82.000,00
Sistema de acreditaciones, auxiliares para secretaría y salas				
Imprenta, cartelería, accesorios	90.000,00	18.900,00	108.900,00	107.000,00
Programas, credenciales, banners, paneles				
Actividades sociales	70.000,00	14.700,00	84.700,00	20.000,00
Comidas invitados, show de tango				
Logística - Seguridad - Exposición comercial	30.000,00	6.300,00	36.300,00	35.000,00
Seguridad, electricista, fletes, etc				
Gastos Varios	90.000,00	18.900,00	108.900,00	90.000,00
Marketing, difusión, web, software programa científico, intérpretes, secretarias				
TOTALES	1.390.000,00	239.400,00	1.629.400,00	1.689.000,00

Ejemplo de una planilla Excel relacionada con el área de presupuestos:

Promoción

La promoción de un Congreso exige necesariamente convertir en noticias cada una de sus fases, de modo que tenga interés para los públicos de los distintos medios de comunicación.

Las fases noticiables son:

1. Anuncio del congreso y necesidad razonada del mismo (razones que motivan la realización).

2. Presentación de máximos responsables y/o autoridades.

3. Anuncio oficial de la ciudad y lugar de realización.

4. Anuncio de las personalidades conferenciantes, ponentes y materia a tratar.

5. Publicación del Comité de Honor (miembros honorarios).

6. Durante toda la fase previa pueden concederse reportajes a publicaciones del sector y medios interesados.

7. Anuncio de apertura.

8. Difusión de las conclusiones.

Publicidad directa para congresistas

1. Realizar el primer envío por email a la totalidad de los participantes (público), en el que se anuncia el congreso y se argumenta su necesidad y oportunidad.

2. Segundo envío, remitir la relación o lista de conferenciantes, ponentes, programa y ficha de inscripción, y cualquier otra información que se crea de interés: folletos turísticos de la ciudad donde se va a celebrar, costo de inscripción, traslado y estadía en hoteles (distintas categorías), anuncios de descuentos considerables a los inscriptos con anterioridad a determinada fecha (por ejemplo: antes de 90 días un 40% de descuento, de 60 días un 30%, de 30 días un 20%), haciéndoles ver el beneficio que reporta, para el desarrollo del congreso y para el propio participante, el adelantar la inscripción.

3. Si el Congreso tiene carácter empresarial o público, enviar el programa a cada presidente o director de las entidades que pudiera afectar con el ruego de que designen oficialmente un representante de su compañía u organización.

4. Procurar auspicios nominativos o patrocinantes honorarios y/o sponsors.

Apertura de un Congreso e inauguración oficial

En víspera de la inauguración, el Departamento de Ceremonial y RR.PP. deberá atender la llegada de los asistentes procedentes de otras provincias o naciones.

Para los asistentes o disertantes que se hospeden en hoteles, se deberá colocar en un lugar visible de la habitación una carta de bienvenida firmada por el Presidente del Congreso y, de ser posible, un obsequio simbólico. Además, planos de la ciudad, folletos turísticos, muestra de productos o cualquier otro pequeño detalle de que se disponga.

El día anterior a la inauguración del congreso, se deberá colocar en el "hall" del hotel, un panel con gavetas donde figuren los nombres de los congresistas, en el que se les depositará la documentación que se vaya produciendo. Este sistema permite, además, que los congresistas puedan comunicarse entre sí.

A cada congresista se le debe hacer entrega, como mínimo, de la siguiente documentación:

▶ Lista de personalidades responsables del Congreso, con nombre, apellido, dirección y teléfono.

▶ Bolígrafos, "block" de papel blanco (con isologo), carpetas.

▶ Tarjeta de identificación de congresista.

▶ Programa del congreso y demás invitaciones.

Conclusiones del Congreso

Estas constituyen el documento básico del Congreso, por el cual todo congresista tiene derecho a recibir una copia debidamente autenticada con las firmas del Presidente y del Secretario del congreso.

Al terminar un Congreso, el Presidente, el Secretario General y el Director de Ceremonial y RR.PP., junto con una comisión elegida al efecto, e integrada por un número reducido de personas, harán entrega a las autoridades competentes, en vista oficial, de dichas conclusiones. Al mismo tiempo se las remitirán a todos los medios de comunicación social y a los colegios y asociaciones profesionales correspondientes.

Se podrá designar, así mismo, una comisión post-congreso que se encargará de difundir las conclusiones y velar por su cumplimiento; y, más adelante, elaborará un informe de la gestión realizada, el cual será presentado en el próximo Congreso que se celebrare.

Lo que debiera evitarse a la hora de realizar un Congreso:

▶ No informar o informar mal respecto de las circunstancias que lo rodean.

▶ Proponer un número mayor de materias a tratar de las que se pueden desarrollar con normalidad.

▶ No facilitar por escrito y con anterioridad a su apertura las ponencias, conferencias en los idiomas establecidos como oficial y de trabajo.

▶ No fijar tiempos límites para los coloquios o no planificarlos mediante la elección de moderadores que conozcan perfectamente su trabajo.

▶ Si es internacional, carecer de traductores de idiomas que se hayan establecido como oficiales o de trabajo.

▶ Entregar en carpetas de trabajo folletos turísticos, publicitarios u objetos de promoción que desvíen la atención del congresista.

Cronograma tipo de un Congreso con Exposición paralela

Fecha Tope: Desde que se decide la asignación o realización del trabajo.	Tarea vinculada al Evento	Observaciones	Responsable
14 días	Nombrar autoridades y Designar: -Comité organizador, Honorario, Académico y Ejecutivo, según corresponda.	Determinar cronograma de reuniones	Comité
14 días	Determinar: nombre, fecha y sede.	Tener en cuenta: número de asistentes, configuración académica y superficie expositora	Comité OPC (Organizador Profesional de Congresos)
14 días	Definir objetivos del Congreso y Exposición.		Comité
14 días	Establecer una Secretaría		OPC

21 días	Determinar posibles entidades: convocantes, adherentes, auspiciantes y patrocinantes.		Comité
21 días	Realización de presupuesto tentativo	Fijar parámetros estimados, valor, inscripción, m².	Comité OPC
30 días	Definición de aspectos legales y contables.		Comité OPC
30 días	Planimetría de la Exposición.		OPC
40 días	Imprimir papelería.	Definir isologo e imprimir: folletos de venta, solicitudes de admisión, papel carta, sobres y ficha de inscripción.	Comité OPC
40 días	Plan de Difusión.	Definir medios: masivos, selectivos, gráficos, audiovisuales, electrónicos, etc.	Comité OPC
40 días	Mailings y Circulares		Comité OPC
45 días	Formalizar contactos con entidades convocantes, adherentes, auspiciantes, y patrocinantes.		Comité OPC
45 días	Confeccionar una propuesta publicitaria.	Congreso y Expo.	OPC
45 días	Envío de información de prensa.	Realización de gacetillas	OPC
50 días	Realizar convenio con agencia oficial de turismo.		Comité. Agencia de turismo. OPC
50 días	Seleccionar hoteles con tarifas especiales para participantes.		Agencia de Turismo. OPC
50 días	Planificar lanzamiento.	Determinar sede. Asistentes. Dinámica, etc.	OPC
50 días	Confeccionar propuesta de servicios adicionales.	Para la Exposición.	OPC
50 días	Preparar programa académico tentativo.	Ver: temas a tratar, disertantes, esquema académico, etc.	Comité
50 días	Coordinar el control de las inscripciones al Congreso.	Pagos, hoteles, etc.	Agencia de turismo. OPC

50 días	Redacción reglamento de Expo y Congreso. Establecer normas para presentación de trabajos.		Comité
60 días	Alistar base de datos para Congreso y Expo.	Definir destinatarios.	OPC
60 días	Tramitar declaraciones de interés nacional, provincial, municipal.	Coordinar mediante solicitudes escritas y entrevistas.	Comité OPC
60 días	Realizar Lanzamiento.		60 días
60 días	Iniciar la contratación y convenios con disertantes.	Contacto escrito o verbal y confirmación por escrito.	Comité OPC
60 días	Envío de información preliminar a la base de datos.	E-mail Marketing, correo, newsletters, etc.	OPC
75 días	Diseñar, imprimir y distribuir afiches.	Definir destinatarios.	OPC
90 días	Definición de actos sociales y programas de acompañantes.		Comité OPC
90 días antes del Congreso	Proyectar escenografía y acto de apertura.		OPC
90 días antes del Congreso	Ultimar programa definitivo del Congreso e imprimirlo.	A incluir en los portafolios.	Comité OPC
60 días antes del Congreso	Redactar y coordinar órdenes de servicio para la sede.		OPC
60 días antes del Congreso	Imprimir invitaciones para participantes, auspiciantes, "media partners" y patrocinantes.		OPC
60 días antes del Congreso	Prever la logística operativa.		Comité OPC
45 días antes del Congreso	Efectuar contrataciones de materiales, personal y servicios necesarios para la realización integral del Congreso.		Comité OPC
5/10 días antes del Congreso	Realizar reunión final de ajuste y coordinación.		Comité OPC

B). Participación en eventos organizados por terceros

Las empresas pueden y suelen participar de muchos y diversos eventos; con el objeto de ejemplificar esa interacción se desarrollará la participación en Ferias, Exposiciones y Exhibiciones.

Uno de los acontecimientos especiales más espectaculares, y al mismo tiempo uno de los medios más tangibles de publicidad, son las Ferias, Exposiciones y Exhibiciones.

Las Ferias constituyen un medio de comercialización y, como instrumento comercial, pueden tener un magnífico efecto si los expositores planean su exposición de forma inteligente.

Cuando se considera la publicidad dentro de una exhibición ferial, hay que medir todos los ángulos, oportunidades, posibilidades efectivas de la muestra, competencia de otros expositores, posibilidades de publicidad, etc.

De igual modo, cuando una entidad, sea cual fuere su carácter, expone sus productos o servicios en Ferias o Exposiciones, busca evidentemente darse a conocer, crear, mantener o modificar su imagen y abrir nuevos mercados.

Es posible conseguir todo esto, siempre y cuando se observe un conjunto de reglas.

Formularemos las más elementales

1º. Determinar mediante la aplicación de la investigación, aquellas manifestaciones que mejor se adecuen a los objetivos que se pretendan alcanzar.

Esto exige: realizar una investigación comprensiva del número de visitantes, procedencia, capacidad adquisitiva de éstos y potencial de ventas. Analizar ediciones anteriores, empresas y entidades que concurrieron y productos y servicios que se exhibieron, empresas y entidades que concurrirán a la presente edición, superficies que ocuparán los stands, superficie y ubicación de la competencia, costo de la participación, número de empleados que exigiría su correcta atención y departamentos implicados en su realización.

2º. Adoptada la decisión de concurrir, hay que tener presente los siguientes ítems:

► Redactar el plan de acción y el programa de actividades a realizar.

► Crear un equipo operativo.

► Organizar un curso de entrenamiento para el personal que va a participar.

► Crear canales de comunicación interdepartamentales y un sistema de comunicación eficiente a través del cual se promueva la participación en el evento, se argumenten las razones y objetivos que justifican la participación y la necesidad de que todos los integrantes de la empresa colaboren.

3º. Realizado el evento, hay que ejecutar determinadas acciones, entre ellas:

► Reunir a todos los miembros del equipo operativo y agradecerles el esfuerzo realizado, haciéndoles entrega de un obsequio o gratificación.

► Comunicar a todos los miembros de la empresa los logros alcanzados, agradecer la colaboración y entregar un informe que contenga todo lo realizado, poniendo de relieve lo positivo y lo negativo, de tal modo que el personal se enriquezca con la experiencia alcanzada.

► Elaborar un informe y remitirlo a la Dirección General, con una valoración de lo que ha significado la participación de la empresa en el evento. El informe no contendrá condena ni censura alguna, directa o indirectamente para otros departamentos o direcciones de la empresa.

► Explotar al máximo las posibilidades noticiosas que ofrece una participación de este tipo.

C). Eventos para Público Interno

En el amplio espectro de la organización de Eventos Especiales existe un grupo de acontecimientos cuyo objetivo no reside en una oportunidad de comunicación, difusión o venta para público externo, sino que, por el contrario, afecta a la organización interna.

Las convenciones son un buen ejemplo de ello. Convención significa, inicialmente, acuerdo entre partes y por extensión designa al conjunto de éstas. Su finalidad es, por consiguiente, obtener un asentimiento general a una proposición o serie de proposiciones, o a su interpretación.

Las empresas pueden encontrar en las convenciones numerosas posibilidades de coordinar actitudes, y en definitiva, crear un espíritu de colaboración y de trabajo en equipo, esencial para su desarrollo.

Limitándonos estrictamente al campo empresarial, las convenciones pueden clasificarse según su finalidad en:

- ► Convenciones informativas.

- ► Convenciones constitutivas o institucionalizadoras (también llamadas constituyentes).

- ► Convenciones modificadoras.

- ► Convenciones promotoras o motivadoras.

- ► Convenciones aprobatorias.

En todas ellas, independientemente de su finalidad, la coordinación corresponde a la Dirección o Departamento de Ceremonial y RR.PP.

Convenciones Informativas

Su finalidad consiste en suministrar a los asistentes información acerca de hechos o actos que aquellos ignoran o conocen solo parcialmente. El acuerdo se realiza por la simple aceptación de estos hechos o actos.

Convenciones Constitutivas o Constituyentes

Son aquellas que tienen por objeto la creación de entidades u organismos, o la aprobación de sistemas de organización, o funcionamiento de entidades u organismos ya existentes.

Convenciones Modificadoras

Su objeto esencial es acordar la adopción de un cambio en la organización, estructura, funcionamiento o finalidad de una entidad o empresa.

Convenciones Promotoras o Motivadoras

Son las que tienen por objeto, con independencia de su carácter formal, lograr el consenso de sus participantes respecto de los sistemas motivacionales en vigor.

Convenciones Aprobatorias

Tienen como fin propio lograr el asentimiento de sus participantes respecto de actividades ya realizadas y, además, obtener la aprobación implícita de las acciones a realizar en el futuro.

Ideas respecto de la organización y realización de una Convención

La convención es un instrumento al servicio de la empresa. En cuanto tal, su utilización debe obedecer a una necesidad cuya satisfacción se considera puede realizarse idóneamente mediante la celebración de ésta.

El responsable de Ceremonial y RR.PP. deberá:

1. Concretar los motivos y fines de la convención, es decir, conocer y fijar las causas que la determinan y los objetivos que se pretenden alcanzar con su realización.

2. Determinar el número de asistentes.

3. Establecer su duración.

4. Elegir el lugar idóneo para su celebración.

5. Fijar la fecha o fechas alternativas para su iniciación.

Estos cinco pasos tienen carácter previo y son determinantes de la segunda fase preparatoria, la cual comprende:

1. La confección del programa de la convención.

2. Su remisión a los participantes.

3. Recopilación de toda la información posible relativa al lugar de celebración, medios de transporte, etc., la que también se remitirá a los participantes.

Además, toda convención, desde el punto de vista de RR.PP. debe cumplir dos objetivos típicos:

▶ Informar a los asistentes.

▶ Motivar a los asistentes.

Para ello es necesario:

1. Establecer y aprovechar al máximo reuniones de carácter no oficial (almuerzos, excursiones, etc.), en la que los altos ejecutivos asistentes departen con los restantes miembros y entablan una relación informal entre ellos.

2. Establecer un orden de intervenciones en la convención, que vaya de lo general a lo particular, y procurar que las charlas y

conferencias sean claras, concisas y versen o traten sobre los aspectos concretos del tema en cuestión.

3. Fijar un tiempo determinado para el debate posterior.

4. Procurar que antes de iniciarse cada una de las sesiones, los participantes dispongan de la información necesaria con el tiempo suficiente.

Conferencias de Prensa aplicables a Eventos

Las conferencias de prensa son una herramienta indispensable para atraer la atención de los medios de comunicación. Los organizadores del Evento pueden utilizarlas para presentar diferentes cuestiones relacionadas con el Evento

Se trata de una convocatoria a los medios en un lugar y fecha determinada y se realiza a través de todo medio idóneo; la forma más común, en la actualidad, es a través del email personalizado de los periodistas.

Cuándo puede ser útil una conferencia de prensa

▶ Si las historias que se relatarán en la conferencia de prensa son de gran interés y los representantes de los medios las consideran como tales. Si hay algo importante que anunciar, preferiblemente relacionado con un acontecimiento de interés, por ejemplo un avance científico o descubrimiento o el logro de un hito destacado.

▶ Si una o varias personalidades destacadas estarán presentes.

Cuestiones que deben tenerse en cuenta al considerar la posibilidad de celebrar una conferencia de prensa

▶ Si no es seguro que la conferencia de prensa atraerá la atención suficiente de los medios de comunicación, podría ser más eficaz difundir la historia trabajando con un pequeño grupo de periodistas de confianza u ofreciendo la cobertura exclusiva de una historia a una agencia de medios de comunicación en particular.

▶ La fecha y hora de la conferencia de prensa es importante. Otros acontecimientos de mayor interés informativo podrían desviar la atención de los periodistas. Una preparación y plazos cuidadosos reducen este riesgo, pero no se pueden prever todas las historias de mayor interés informativo que pudieren ocurrir. Los periodistas también podrían tener diferentes horarios para la presentación de sus notas y, por ejemplo, si su conferencia de prensa se realiza tarde en el día, podría haber interés limitado en ellas porque ya es demasiado tarde para presentarla ese día o temprano al día siguiente.

► Organizar la conferencia de prensa cuidadosamente; un acontecimiento fallido podría dar lugar a una cobertura mediática nula o incluso negativa. Esto significa que todos los oradores deberían estar cuidadosamente preparados, las carpetas de prensa deberían contener toda la información necesaria y debería contarse con suficiente personal para colaborar con la logística, especialmente si se prevé un número importante de medios de difusión.

► Un buen moderador es importante para mantener el buen funcionamiento de la conferencia de prensa y el mensaje encauzado, y ayudar a responder a las preguntas de los medios. En general, el papel del moderador consiste en abrir y cerrar la conferencia de prensa, destacar los mensajes principales que han de transmitirse, presentar a los oradores y controlar que las preguntas y respuestas sean breves.

Antes de la conferencia de prensa

Comience la planificación varias semanas antes de la celebración de la conferencia de prensa.

1. Defina el mensaje

Su mensaje debería resumirse en tres a cinco elementos fundamentales. Si una fecha, una hora, una dirección o un número de teléfono u otra información concreta forma parte del mensaje, enúncielos más de una vez y muéstrelos prominentemente en su carpeta de prensa. Verifique dos o tres veces dicha información.

2. Programe la fecha y la hora

Asegúrese de que la fecha y la hora de la conferencia de prensa no coincidan con la de otros acontecimientos o plazos de prensa. Consulte con los medios de comunicación locales y los servicios de noticias acerca de estos plazos o acontecimientos. También averigüe cuáles son los días de la semana más tranquilos y trate de organizar su conferencia en uno de estos. En muchos países, la mejor hora para programar su conferencia de prensa es entre las 10.00 y las 11.00 horas, para garantizar la máxima cobertura mediática. También los desayunos de información bien temprano por la mañana podrían servir para atraer la asistencia de los medios de comunicación.

3. Elija el sitio

Elija un lugar bien equipado para una conferencia de prensa, al que sea fácil llegar y que no exija demasiado tiempo de viaje a los periodistas. Idealmente, el sitio debería ser de interés visual y guardar relación con el tema.

4. Seleccione y capacite a los participantes

Los oradores deben estar bien informados y expresarse claramente. Deberían estar en condiciones de responder a las preguntas y observaciones de la prensa. Las personas de mucha credibilidad, pueden constituirse en portavoces eficaces.

Orientación para los participantes

► Sea claro y conciso. Evite usar jerga, retórica, digresiones o lenguaje virulento.

► Dé por sentado que su público es inteligente: evite sonar condescendiente.

► Los participantes deberían estar bien vestidos y de forma apropiada a la ocasión.

► Siempre diga la verdad. Si no conoce la respuesta a una pregunta, dígalo. No exagere, no dé cifras que no estén respaldadas por pruebas y no formule opiniones como si fueran hechos.

Encuentre un moderador que tenga experiencia con la prensa y en relación con el tema, para que facilite la conferencia de prensa presentando el tema y a los participantes. El moderador también dirige preguntas a los participantes apropiados. Si no tiene experiencia en materia de conferencias de prensa, asista a la conferencia de prensa de un grupo diferente para familiarizarse.

Lleve a cabo un ensayo general, es decir un simulacro privado de la conferencia de prensa. Los oradores deberían tener guiones para memorizar los tres a cinco temas principales, y no hablar durante más de tres a cinco minutos cada uno. Durante el ensayo, haga que un miembro de su grupo formule preguntas complejas como preparación para situaciones difíciles que podrían presentarse en la verdadera conferencia de prensa.

5. Establezca contacto con los medios de comunicación

Cree una lista de direcciones de periodistas y editores de estaciones de televisión, directores de noticias de estaciones de radio y de los principales diarios, y editores de periódicos semanales y servicios de noticias. Asegúrese de que incluya periodistas que hayan cubierto la cuestión en los últimos meses. Envíe su anuncio de prensa aproximadamente una semana antes de la celebración de la conferencia de prensa y luego vuelva a hacerlo el día anterior a la reunión.

6. Haga el seguimiento con los medios de comunicación

Haga el seguimiento de su anuncio mediante contactos telefónicos con los principales medios de difusión el tercer día después de haberlo enviado, y nuevamente por la mañana de la conferencia de prensa.

7. Elabore una carpeta de prensa

Prepare un número suficiente de copias.

8. Prepare la sala

- Verifique la ubicación de los tomacorrientes para los micrófonos y las luces.
- Prepare la sala con una mesa suficientemente larga para que se ubiquen todos los portavoces, con tarjetas de identificación.
- Disponga lugares suficientes en la sala para los periodistas y su equipo.
- Exhiba elementos visuales detrás de la mesa de los oradores, por ejemplo diagramas y carteles.
- Prepare una hoja de asistencia.
- Disponga de café, té, agua y otros refrescos.

En la conferencia de prensa

▶ Dé la bienvenida a los miembros de la prensa a medida que lleguen. Pídales que firmen, aclarando el medio para el que trabajan, y entrégueles una carpeta de prensa. Determine el número de medios de difusión presentes en la lista de firmas. También establezca contacto personal con los representantes de los principales medios antes y después de la conferencia de prensa.

▶ Filme la actividad, para sus propios registros y para el posible uso por los medios de comunicación en el futuro.

▶ Comience la conferencia de prensa lo más puntualmente posible. Invite al moderador a dar la bienvenida a los representantes de los medios y presentar la cuestión y a los participantes.

▶ Cada participante debería hablar durante un máximo de tres a cinco minutos, para presentar sus tres a cinco puntos fundamentales.

▶ Después de todas las presentaciones, el moderador debería recibir las preguntas de la prensa y dirigirlas a los participantes apropiados.

▶ Después de 30 a 45 minutos, ponga fin a la parte oficial de la conferencia de prensa.

▶ Agradezca a los participantes su presentación y a los medios su asistencia. En muchos casos, podría ser necesario alentar a los medios a que mantengan una conversación informal con los oradores.

Después de la conferencia de prensa

▶ Establezca contacto con representantes de los principales medios de difusión. Si mantiene una conversación con ellos, lo recordarán cuando necesiten información acerca de la cuestión. Al examinar el registro de asistencia, podrá determinar cuáles de los principales medios no estuvieron representados. Envíeles un comunicado de prensa y una carpeta de prensa, o una grabación de la actividad, o programe una entrevista con un periodista y uno de los oradores de la conferencia de prensa.

► Analice la conferencia de prensa con otros miembros de su
organización que asistieron a ella: qué salió bien, qué podría haber
salido mejor, cómo puede mejorar la próxima conferencia de
prensa que organice.

Tips para tener en cuenta

► Si no se cuenta con contactos de periodistas que puedan
interesarse en asistir, se deberá contratar un agente de prensa para
que ayude a conseguir que los reporteros concurran el evento.

► Él o los oradores deberán tener pleno conocimiento de la
comunicación que se quiere brindar, o por lo menos, de su
especialidad, estar bien preparados y responder a las distintas
preguntas de los participantes.

► Dejar pasillos libres, adelante, en el centro y a los costados para que
puedan ubicarse las videocámaras de los canales de televisión y los
fotógrafos de la prensa gráfica.

► En muchas ocasiones, las conferencias de prensa son transmitidas
en vivo por canales de televisión o medios de Internet. Los
periodistas de radio y prensa gráfica envían el material que
elaboran ni bien finalizan las transmisiones. Por este motivo,
una de las necesidades a cubrir para el trabajo de los periodistas,
post conferencia, es la de procesar la información y enviarla a sus
medios. El servicio de wifi es vital.

► Prever que haya la cantidad necesaria de sillas para los periodistas
convocados.

► Contar con equipamiento de sonido necesario.

► Preparar material con información adicional para entregar al
finalizar la conferencia de prensa. En ese material, se deben incluir
los nombres y cargos de las personas que brindaron la conferencia
y datos de contacto para consultas posteriores.

► Contratar por lo menos un servicio de café, y, si se puede, incluir
bebidas y algo para comer mientras los periodistas esperan que
empiece la conferencia.

► Las ruedas de prensa tienen una duración de 2 horas,
aproximadamente. Se suelen realizar bien temprano a la mañana o
durante la tarde.

▶ Si se lo considera importante, al finalizar la conferencia de prensa se pueden organizar entrevistas en profundidad con algunos medios.

En conclusión, este tipo de evento es diferente a los convencionales, por el poco tiempo de preparación con el que se realiza. Solo elija organizar una conferencia de prensa si necesita que su noticia sea transmitida inmediatamente por los medios masivos de comunicación.

Parámetros críticos en el desarrollo de un Evento

El éxito de un Evento depende de una multiplicidad de elementos intervinientes. Una buena parte de ellos son variables controlables; la otra parte, no. La correcta articulación y despliegue de las acciones requeridas harán de un Evento un éxito o un fracaso. Cuando el fracaso se debe al mal manejo de las variables controlables o intervinientes, estamos frente a una situación inadmisible para un buen estratega de eventos. Si las razones del mal desempeño, en cambio, se deben a hechos o situaciones externas e imprevisibles, estamos frente a un cuadro de situación en el que no se le puede achacar mala praxis. En ocasiones, la línea que divide ambas aguas es un tanto difusa y sujeta a interpretaciones.

Todo aquel que organiza eventos tiene, en su debe, varios reveses que se pudieron haber evitado. Quizás los éxitos hayan superado a los errores y es por ello que siguen en la actividad; no obstante, jamás se debe subestimar o dejar de justipreciar los errores cometidos. Se aprende mucho de los fracasos, si es que uno no es un necio.

Los Eventos son actividades muy dinámicas y de compleja implementación, por lo que el margen de previsibilidad es muy estrecho. Normalmente, por estas latitudes, no se cuenta con rangos de tiempo y recursos necesarios como para estrechar al máximo el nivel de incertidumbre y eso hace aún más inestable y riesgoso el panorama.

Qué puede salir mal

¿Cuáles son las cosas que pueden salir mal en un evento? Pues casi todas. Todas y cada una de las acciones o decisiones que se toman en el devenir de un Evento pueden ser motivo de conflicto.

Independientemente del tipo de Evento de que se trate, hay una cantidad de factores que pueden resultar contraproducentes o entrópicos en la prosecución de un Evento, factores intrínsecos y/o extrínsecos.

Veamos algunos de los más significativos

Intrínsecos:

- ▶ Inconvenientes a la hora de integrar el presupuesto pautado para la realización del Evento.

- ▶ Falta de participación o coordinación de los distintos estamentos involucrados en el Evento.

- ▶ Deficiencias en la recolección de información previa a la toma de decisiones.

- ▶ Malas interpretaciones de los datos obtenidos en la investigación.

- ▶ Planteo de metas que no se ajustan a las reales potencialidades del Evento.

- ▶ Conformación de un equipo de trabajo desbalanceado o incompleto.

- ▶ Indebida selección de herramientas tácticas para la implementación del proyecto.

- ▶ Errores en la ejecución de las acciones previstas.

- ▶ Falta de controles eficientes para detectar desvíos o inconsistencias del plan de trabajo.

- ▶ Evaluaciones parciales o incompletas.

Extrínsecos:

- ▶ Deterioro de la situación general del contexto en el que se desarrolla el negocio, atribuible a decisiones políticas o gubernamentales.

- ▶ Cambio de las condiciones de contratación de servicios que por lo general llevan a planteamientos judiciales.

- ▶ Reconversiones o redefiniciones del contexto competitivo a partir de fusiones, ingreso de nuevos actores al mercado, etc.

- ▶ Cambio de reglas o marcos legales o administrativos vigentes al momento de la planificación del Evento.

- ▶ Hechos conmocionantes o críticos de orden social o político.

▶ Degradación del clima de negocios o declinación del índice de expectativas de un grupo de personas en particular, al que va orientado el Evento, o de la sociedad en general.

▶ Pérdida del poder adquisitivo del *target* al que apuntamos.

Alarmas tempranas

Un verdadero líder de equipo debe estar muy atento a las alertas tempranas que necesariamente se producen y anticipan la tempestad.

De todas las cosas que pueden salir mal, la más crítica es la cuestión económica. Las pérdidas no deseadas en las empresas son por lo general intolerables. La otra cuestión clave a tener en cuenta, amén de lo económico financiero, es el saldo reputacional que todo Evento deja luego de su realización. La imagen de una empresa es uno de sus patrimonios más valiosos. Que un Evento no deje utilidades es algo perfectamente posible y previsible; puede, perfectamente, que el interés de la institución esté puesto más en sus activos simbólicos que monetarios. Es por ello que un Evento que la afecte negativamente hace más daño que cualquier pérdida económica.

Índices insatisfactorios

Cada Evento exige que se expliciten una serie de indicadores que permitan medir el real impacto del Evento en cada etapa de la planificación y ejecución. Hay un punto de inflexión que debe estipularse en virtud del cual es necesario replantearse el Evento. Pasado ese punto, el margen de maniobras se reduce abruptamente al punto de ya no tener retorno.

Capítulo 7
Ceremonial & Negociación

Negociación: Concepto

Si bien el rol del ceremonialista en una negociación debe estar acotado a sus tareas específicas, es importante que conozca los aspectos clave de todo proceso de negociación y sus principales aristas.

La negociación se puede definir como un proceso en el que dos o más partes establecen una relación, más o menos cooperativa, con el propósito de acercar posiciones, en virtud de un tema o problema determinado, con interés en convenir una solución a través del mejor acuerdo posible.

Saber decir, saber negociar

En toda negociación interviene un poder real -entendido como la sumatoria de los recursos estratégicos disponibles para un caso en cuestión- más la capacidad oratoria para comunicarlo, tanto sea potenciando las fortalezas como disminuyendo las eventuales debilidades.

En la medida en que la palabra se torna instrumento del pensamiento se transforma en vehículo de la elocuencia y la retórica.

La Oratoria —el arte de persuadir con la verdad— gira entre la Estética y la Lógica. La Oratoria en un arte perfectamente reglado.

Saber algo no es idéntico a saber decirlo. Ésta es la importancia de la comunicación oral.

Hablar persuasivamente para transmitir una determinada imagen o idea no es un lujo sino una necesidad. El 90% de nuestra vida de relación consiste en hablar o escuchar; solo el 10% en leer o escribir. Cada persona tiene su manera peculiar de negociar, su teoría implícita de negociación.

No obstante, se pueden distinguir dos escuelas: la tradicional y la integrativa.

La primera es esencialmente un proceso de regateo, en el que se pone énfasis en la distribución de lo que se negocia, bajo el supuesto de que lo que uno gana lo pierde el otro.

La nueva teoría de la negociación –la integrativa– trata de redefinir el problema mediante un intercambio de intereses para conseguir una ampliación de resultados para ambas partes.

Se debe entender que la cooperación no significa que no exista competencia, pero es un método con el cual podemos enfrentar nuestras diferencias más constructivamente.

En la estructura de la negociación nos encontramos con tres elementos: los actores, la divergencia y la voluntad o búsqueda de acuerdo. Y en las tres instancias la capacidad oratoria puede representar la ventaja competitiva.

Los actores son los elementos fundamentales en la negociación, debemos entender que en el proceso de negociación se relacionan personas, dos o más, que intervienen con todas sus características personales.

A los negociadores no solo se les debe juzgar por lo que dicen, sino por cómo lo dicen.

La negociación es un proceso de comunicación interpersonal en el que saber utilizar correctamente el lenguaje verbal y no verbal facilita el entendimiento, capta la atención de la otra parte, al mismo tiempo que nos puede ayudar para condicionar y predisponer hacia un futuro acuerdo.

La divergencia es el desacuerdo, el litigio, lo contencioso, el conflicto declarado o latente que separa a los actores cuando se presenta.

Un negociador debe poder identificar cuál es el origen de las divergencias que se plantean. Éstas pueden presentarse por problemas de comunicación, por estructura o por características personales de la contraparte.

En todo proceso negociado, el buen negociador debe tener la habilidad para comprender y llevar a la otra parte por el camino más conveniente para ambos, manejando la relación interpersonal de la forma más propicia y adecuada.

La voluntad o búsqueda de acuerdo, es el resultado substancial y no simplemente formal de la negociación. Puede asumir cuatro formas principales:

a) Compromiso simple: es la solución mínima. Nadie obtiene la satisfacción total de sus objetivos.

b) Concesiones mutuas: solución superior al compromiso. Búsqueda de equilibrio en la mayoría de los puntos en la negociación. Requiere creatividad por parte de los negociadores.

c) Adjudicaciones de contrapartidas: se crean nuevos elementos negociables, ampliando el objeto inicial de la negociación.

d) Creación de nuevas alternativas: el antiguo problema se transforma en uno más adecuado para ofrecer una solución.

Estilos de negociación

Cada negociación plantea un escenario distinto y requiere de tratamientos y esquemas diferenciados. No obstante ello, podemos observar dos estilos básicos de negociación: la negociación inmediata y la negociación progresiva.

La negociación inmediata representa un estilo directo en el que se prioriza el alcance de un acuerdo rápido por sobre la posibilidad de establecer una relación personal con la contraparte.

La negociación progresiva, en cambio, prioriza la generación de un umbral de confianza mutua entre las partes, que posibilite luego la profundización de los alcances de la negociación una vez que se establecieron determinados vínculos en la interacción.

Estos estilos de negociación están directamente relacionados con las dos modalidades típicas de entender los negocios: oportunidad y continuidad.

Quienes propician el oportunismo entienden los negocios como un hecho aislado y buscan satisfacer sus propias necesidades o intereses tratando de alcanzar sus propios objetivos; quienes se interesan por la continuidad en la relación son capaces de resignar ventajas posicionales iniciales propias, para atender las necesidades conjuntas de las partes involucradas, propiciando así relaciones más duraderas.

Tipos de negociadores

Existen dos tipos muy diferenciados de negociadores: el negociador enfocado en los resultados y el negociador enfocado en las personas.

Negociador enfocado en los resultados: es muy competitivo, lo único que realmente le importa es alcanzar su objetivo a toda costa, intimida, presiona, a costa de generar tensión si es necesario.

Negociador enfocado en las personas: es muy cooperativo, busca consensos y atiende muy especialmente la creación de vínculos sólidos con la otra parte. Evita el enfrentamiento actuando asertivamente y es muy empático en el manejo de sus emociones.

Resulta de gran interés conocer el tipo de negociador al que uno se aproxima con el fin de detectar fortalezas y debilidades.

Asimismo, conviene identificar el tipo de negociador al que se ajusta el oponente con vista a poder interpretar su comportamiento, anticipar sus movimientos y, si fuere necesario, tratar de contrarrestarlos.

Estrategias de negociación

Una estrategia de negociación define los lineamientos generales en torno de los cuales se planteará el desarrollo de una negociación. Se pueden definir dos estrategias típicas: ganar –ganar y perder– ganar.

En la estrategia "ganar-ganar", ambas partes buscan el éxito, a partir de un acuerdo mutuamente beneficioso que tenga en cuenta los intereses de todos los involucrados. Las partes cooperan progresivamente pudiendo llegar a alcanzar objetivos de orden superior a los inicialmente previstos, transformándose así en una estrategia de "ganar-ganar con valor agregado".

En la estrategia "ganar-perder", en cambio, cada una de las partes trata de obtener el mayor rédito propio en forma oportunista, inmediata y confrontativa. La desconfianza es el común denominador. Las partes compiten de tal forma que, en ocasiones, la falta de un acuerdo razonable para alguna de las partes lleva a abandonar la negociación, con lo que el escenario estratégico trocó hacia un "perder-perder".

La comunicación en la negociación

El éxito de una negociación depende, en gran medida, del poder real de cada una de las partes, medido en términos de la disponibilidad de los elementos estratégicamente requeridos en tales circunstancias y de la capacidad de comunicarlos convenientemente. Negociación= Poder + Comunicación.

La comunicación necesaria en los procesos de negociación es de orden informativa y persuasiva, alternándose convenientemente de acuerdo a las exigencias de la transacción y a la naturaleza del vínculo que se haya establecido. Contenido y tratamiento del mensaje son las claves del éxito comunicacional. La comunicación puede hacer aumentar o disminuir la percepción de nuestro interlocutor en torno del poder real que nos asiste.

Lugar de la negociación

En este punto la función profesional de un ceremonialista es de vital importancia.

Si nuestra empresa es la anfitriona, deberemos procurar tener disponible toda la documentación que sea necesaria para el normal desenvolvimiento del acuerdo, y acceso directo a los especialistas que resultaren necesarios consultar por la demanda de las partes que negocian.

Asimismo, deberemos acondicionar convenientemente la sala de reunión y determinar la disposición de los asistentes al encuentro, coordinar los servicios de recepción, hospitalidad, atención en sala de reunión y servicios gastronómicos.

Si la reunión de trabajo se desarrolla en terreno neutral, como por ejemplo las instalaciones de un hotel, verificaremos previamente que éste reúne las condiciones necesarias para celebrar el encuentro.

Si la reunión se llevare a cabo en las oficinas de la otra parte, nuestro trabajo se limitará a la organización y logística de nuestra propia fuerza de negociación.

Negociar en terreno neutral puede ser una manera adecuada de comenzar las negociaciones, especialmente cuando las partes no se conocen. No obstante, a medida que se vaya avanzando, resultará probablemente más cómodo seguir negociando en una de las sedes.

Sala de reunión

Una vez decidida la sede donde tendrán lugar las negociaciones, hay que elegir una sala de reuniones apropiada. Hay que buscar un entorno adecuado, confortable, que facilite la negociación. Entre los aspectos que hay que cuidar se encuentran: buena luz y temperatura agradable, acústica (que se oiga con claridad, sin ruidos incómodos), amplitud suficiente, material de apoyo (proyector, computadora, teléfonos, etc.).

Se debe poner a disposición de los visitantes una sala reservada por si necesitaren estar a solas para sus deliberaciones.

No debe comenzar la negociación mientras uno no se sienta plenamente cómodo con las condiciones del sitio. Negociar exige una gran concentración por lo que uno no puede tener la mente distraída por culpa de la incomodidad del lugar.

Fases de la negociación

En toda negociación se pueden distinguir tres fases diferenciadas, todas ellas igualmente importantes.

1. Preparación

2. Desarrollo

3. Cierre

La preparación es el periodo previo a la negociación propiamente dicha, y es un tiempo que hay que emplear en buscar información y en definir nuestra posición:

▶ Recopilar toda la información pertinente sobre nuestra oferta, sobre nuestros competidores y sobre la empresa con la que vamos a negociar.

▶ Definir con precisión nuestros objetivos, la estrategia que vamos a utilizar y las tácticas que vamos a emplear.

▶ También hay que contactar con aquellos departamentos de la empresa a los que les pueda concernir esta negociación con objeto de informarles y unificar criterios.

▶ Hay que conocer con exactitud nuestro margen de maniobra: hasta dónde podemos ceder, qué tipo de acuerdos podemos firmar y qué otros requerirán autorización de los órganos superiores.

El desarrollo de la negociación abarca desde que nos sentamos a la mesa de negociación hasta que finalizan las deliberaciones, ya sea con o sin acuerdo.

Es la fase en la que ambas partes intercambian información (definen sus posiciones), detectan las discrepancias y tratan de acercar posturas mediante concesiones.

Su duración es indeterminada, requiriendo frecuentemente altas dosis de paciencia. Por lo general no es conveniente precipitar acontecimientos, siendo preferible esperar a que las ideas vayan madurando.

El cierre de la negociación puede ser con acuerdo o sin él.

Antes de dar por alcanzado un acuerdo hay que cerciorarse de que no queda ningún cabo suelto y de que ambas partes interpretan de igual manera los puntos tratados.

Una vez cerrado hay que recoger por escrito todos los aspectos del acuerdo. Es frecuente que en este momento las partes se relajen cuando, justo al contrario, conviene estar muy atentos, ya que en el documento se tienen que precisar muchos detalles que hasta ese momento probablemente apenas se hayan tratado (por ejemplo, cláusulas de incumplimiento, indemnizaciones, prórrogas tácitas o expresas, jurisdicción pertinente, etc.).

Un malentendido que no se detecte a tiempo o una cláusula del contrato que quede ambigua puede dar lugar el día de mañana a una disputa legal.

La negociación también puede finalizar con ruptura y, aunque no conviene precipitarse a la hora de tomar esta decisión, es una posibilidad que conviene contemplar cuando se negocia. Más vale no firmar un acuerdo que firmar un mal acuerdo.

Por último, señalar que una vez que finaliza la negociación conviene analizar con sentido crítico cómo se ha desarrollado, detectando aquellos aspectos que conviene mejorar.

La negociación es un arte que exige un aprendizaje permanente. Cada negociación es un ensayo general de la siguiente.

Agenda de la reunión

En negociaciones complejas, en las que intervienen varias personas por cada lado, es aconsejable fijar con la otra parte, antes del día la reunión, la agenda de trabajo: temas que se van a abordar, en qué orden y tiempo previsto, quiénes van a intervenir por cada lado, pausas, almuerzo, hora de finalización.

Esta agenda tiene como objetivo que la reunión se desarrolle de una forma ordenada:

▶ Permite que las partes centren su preparación en los temas que se van a tratar, y acudan a la reunión con los especialistas oportunos.

▶ Permite centrar la discusión sobre dichos puntos, evitando que una de las partes pueda traer a debate asuntos que no estaban previstos y que la otra no haya preparado.

▶ Permite hacer un seguimiento de los temas a abordar, evitando que alguno pueda quedar en el tintero.

▶ Obliga a ir avanzando: las partes son conscientes de que hay un guión que hay que intentar cumplir y que no se pueden eternizar en un punto determinado.

Aunque la agenda se establece para ser cumplida, ambos grupos negociadores deben interpretarla con cierta dosis de flexibilidad.

La negociación no siempre discurre como estaba prevista (se presentan nuevas ideas, nuevos argumentos, se revisan los objetivos, surgen puntos conflictivos, etc.).

La agenda viene a ser un marco general, una hoja de ruta, pero debe permitir cierta libertad de movimiento.

Desarrollo de la negociación

Esta fase comienza en el momento en el que las partes se sientan frente a frente con objeto de iniciar propiamente la negociación.

Inicialmente las partes tratarán de conocerse y de establecer un clima de confianza.

En este primer momento se tratarán temas generales (situación económica, evolución del sector, perspectivas, particularidades de cada una de las empresas, etc.), sin entrar por el momento a tratar el tema propiamente de la negociación.

Esta fase siempre es importante, ya que si se consigue un buen grado de sintonía, puede facilitar enormemente la negociación. Por ello, hay que prestarle la atención debida, especialmente si se trata de un interlocutor con el que se pretende establecer una relación duradera.

A continuación, las partes entrarán ya en materia.

Es frecuente que la parte que hace la oferta comience realizando una presentación de ésta.

Acto seguido comenzarán a intercambiar información, tanteando cuál es la posición de cada una de ellas, tratando de determinar cuál es la diferencia que les separa.

A pesar de esta diferencia inicial, si hay interés en llegar a un acuerdo, las partes tratarán de acercar posiciones. Defenderán sus planteamientos, argumentarán en contra de los del oponente, irán haciendo (pequeñas) concesiones, etc.

El desarrollo será normalmente gradual: este proceso requiere tiempo, hay que dejar que las cosas vayan madurando, no conviene precipitarse.

Las partes acuden preparadas a la negociación. Esto les dará mayor seguridad, mayor capacidad de reacción y de tomar decisiones, permitiendo que la negociación vaya avanzando.

Por último, señalar que no es conveniente prolongar en exceso las reuniones ya que uno puede terminar perdiendo perspectiva.

Tras muchas horas de negociación y en mitad de una discusión acalorada, uno probablemente haya olvidado cuáles eran sus objetivos, qué estrategia quería emplear, etc.

Es conveniente hacer pausas regularmente para que cada parte pueda analizar con cierta calma la situación, evaluar la información recibida y ver el estado en el que se encuentra la negociación.

Presentación

En ocasiones la negociación comienza con una presentación que realiza la parte oferente.

Esta presentación tiene que estar rigurosamente preparada, no se puede dejar nada a la improvisación, ya que de ella puede depender en gran medida el éxito de la negociación.

Una buena preparación permite transmitir una imagen de seguridad y confianza, evitando dar muestra de temor o timidez, o de falta de profesionalidad.

En esta presentación hay que conseguir captar la atención de la otra parte, despertarle su interés por nuestra oferta.

La presentación debe ser atractiva, ligera (no demasiado extensa ya que se trata de no atosigar a la otra parte con un aluvión de información).

La presentación gana en interés si se apoya con medios audiovisuales (transparencias, presentación en *power-point*, planos, folletos, etc.).

También resulta interesante presentar una muestra del producto.

Durante la presentación se contestarán las preguntas que vayan surgiendo pero de modo escueto, sin profundizar sobre el tema.

Se trata de que la presentación discurra con la mayor fluidez posible, sin perder su hilo argumental. Además, no es el momento todavía de entrar en la discusión, por lo que, si la otra parte insiste en tratar un aspecto determinado, se le indicará cortésmente que una vez concluida la presentación se abordará con mayor profundidad el tema que plantea.

Es muy importante realizar la presentación en un momento del día en el que la gente esté más descansada, preferentemente por la mañana.

Hay que evitar a toda costa tener la presentación después del almuerzo o a última hora de la tarde (la gente estará especialmente cansada).

Los días martes por la mañana son los días en los que la curva de fatiga está en su punto más bajo.

Las posibles pausas (intermedios, almuerzos, etc.) hay que aprovecharlas para dejar a un lado el tono formal y acalorado de la discusión y tratar de recuperar una atmósfera más distendida.

Con ello se pretende transmitir el mensaje de que una cosa es lo que pasa en la mesa de negociación, y otra muy distinta es la relación personal entre las partes.

Se trata de separar perfectamente la vertiente profesional de la negociación de la vertiente personal.

La negociación genera a veces tal estado de tensión que puede llevar a uno a perder la paciencia.

Hay que tratar de mantener siempre la calma y ser comprensible con este tipo de reacción del oponente (no hay que tomarlo como un ataque personal; son reacciones muy humanas a las que no hay que darles mayor importancia).

Ante un comentario impertinente o ante un ataque personal conviene mantener la calma y no responder en el mismo tono, ya que, si no, se corre el riesgo de entrar en una espiral de insultos que podría dar al traste con la negociación. Además, ganaremos en estatura moral.

Por último, indicar que en ninguna discusión se debe acorralar al oponente, siempre hay que tratar de darle una salida airosa.

Acuerdo

El acuerdo marca el final de una negociación que ha concluido con éxito.

Cuando por fin se alcanza un acuerdo, uno no puede arriesgarse a estropearlo planteando nuevas exigencias.

Es conveniente mostrarse humilde, si uno cree que ha resultado ganador.

Cuando finalmente se alcanza un acuerdo, hay que plasmarlo por escrito, no puede quedar exclusivamente en un compromiso verbal. Esto permitirá interpretar fielmente los términos del mismo si durante su ejecución surgen diferencias.

Sirve de modelo para futuras renovaciones.

El acuerdo escrito queda plasmado, aunque algunas de las personas que intervinieron en la negociación no continuaren en la empresa.

Dicho acuerdo es el resultado de la aceptación de un planteamiento final que incluye numerosos puntos: número de unidades, características técnicas, plazo de entrega, precio, facilidades financieras, descuentos, garantías, servicio post-venta, etc.

Este acuerdo final es un momento clave en la negociación, en ese momento quedan fijadas las condiciones, ya no hay marcha atrás.

Cualquier intento posterior de modificación tendría que realizarse, bien persuadiendo a la otra parte (lo que no sería fácil), bien por vía judicial.

La importancia de esta decisión justifica que uno pueda solicitar cierto tiempo de reflexión antes de dar una respuesta definitiva (no hay por qué precipitarse a la hora de tomar una decisión de esta importancia).

La otra parte debería aceptar esta petición, totalmente lógica, conviniendo entre ambos un plazo razonable para contestar.

El documento donde se recoge el acuerdo exige una lectura reposada, debiendo uno cerciorarse de que recoge fielmente todos los puntos tratados.

Cualquier duda que surja es ahora el momento de plantearla. Antes de firmar un documento hay que tener la seguridad plena de que recoge exactamente lo que uno ha negociado.

En este documento hay que tratar de ser lo más exhaustivo posible, recogiendo cualquier aspecto que pueda afectar al desarrollo del acuerdo o cualquier eventualidad que se pueda presentar.

Este documento, además de recoger los puntos principales que han sido tratados, suele llevar mucha "letra chica" que puede tener gran trascendencia durante la vida del acuerdo: renovación tácita o expresa, garantías aportadas por cada parte, actos que se consideran causa de incumplimiento, acontecimientos que permitirán cancelarlo anticipadamente, posibles sanciones a aplicar, etc.

En caso de no recoger algunos de estos aspectos, se puede producir posteriormente, durante su ejecución, un vacío legal en su interpretación del que cada parte trate de aprovecharse y que al final haya que resolver en los tribunales.

Detalles de cortesía

Cuando las negociaciones se desarrollan en la sede de uno de los participantes y ello obliga a la otra aparte a desplazarse, a veces incluso fuera de su país, es normal que el anfitrión tenga ciertos detalles de cortesía, que pueden incluir: recibir en el aeropuerto a la persona que llega, gestionar sus reservas de hotel, poner coche con chofer a su disposición, organizar las comidas, preparar alguna actividad cultural o de ocio para los posibles ratos libres (ópera, teatro, exposiciones, etc.).

En definitiva, ponerse a disposición del visitante para intentar hacerle más amena su estancia.

Es frecuente agasajarle con algún pequeño obsequio (recuerdo de la ciudad, o con algún producto de la empresa).

Todas estas atenciones son normas básicas de cortesía dirigidas a crear una atmósfera de mayor cercanía entre las partes.

El visitante ha de saber agradecerlas, sin que estas atenciones puedan coartarle su libertad a la hora de negociar.

Quien las ofrece no debe esperar obtener de ellas nada a cambio, tan solo estrechar lazos.

No obstante, puede ocurrir a veces que las atenciones que uno recibe se alejan de estos meros detalles y van encaminadas claramente a influir en su voluntad: regalos costosos, correr con todos los gastos del visitante, ciertas atenciones especiales (incluyendo personas de compañía).

Este tipo de ofrecimientos hay que saber declinarlos con delicadeza.

Cuando se negocia, uno actúa en nombre de su empresa, por lo que cualquier actuación de este tipo podría dañar la imagen y buena fama de su compañía.

Negociaciones internacionales

En las negociaciones internacionales hay que tener muy presentes las posibles diferencias culturales que puedan existir. Estas diferencias pueden dificultar claramente la comunicación.

Las personas no hablan el mismo idioma, lo que obliga a recurrir a intérpretes.

Además, en cada cultura el tipo de relación personal entre las partes puede seguir patrones diferentes.

En algunas culturas se tiende a mantener una gran distancia personal (está muy delimitada la actividad profesional de la personal, no se da pie a una relación más cercana). En otras ocurre justo lo contrario, las personas buscan la proximidad, la cercanía.

Un acto que puede ser perfectamente normal en una cultura (hablar de un tema personal, bromear sobre algo) puede resultar totalmente fuera de lugar en la otra.

La propia negociación puede seguir reglas muy diferentes:

- ► El modo de situarse en la mesa de negociación.

- ► Importancia y extensión de la fase de presentación.

- ► Quién debe marcar las etapas, indicando cuándo se ha concluido un punto y conviene pasar al siguiente (¿el anfitrión, la persona de mayor categoría laboral, el invitado, etc.?).

- ► Cómo tomar la palabra (hay que indicar que se quiere hablar, hay que esperar a que el otro termine completamente su discurso, se puede interrumpir,...).

- ► Cómo preguntar, qué preguntas se pueden considerar impertinentes, cómo juega el silencio.

- ► Validez del compromiso verbal o escrito: mientras que en algunas culturas el compromiso escrito (el documento firmado) es lo que cuenta, en otras puede tener más importancia un acuerdo verbal.

- ► Conveniencia o no de hacer o recibir regalos (es un detalle de amistad o trata de coartar la libertad). Mientras que en algunas culturas son considerados una muestra de amistad, en otras en cambio se pueden interpretar como un intento de soborno.

► Todo esto dificulta la negociación, ya que uno podría estar infringiendo involuntariamente muchas de las normas básicas de comportamiento de la otra cultura. Ante esta dificultad, algunas reglas básicas que se deben aplicar son:

► Informarse sobre las costumbres del otro país, sus peculiaridades, su cultura, su historia y su situación actual. El mostrar al interlocutor que uno conoce algo de su país puede ayudar a ganar su aprecio.

► Actuar con la máxima prudencia, estando muy atentos a cómo se comportan los nacionales del país (ver e imitar).

► Ser comprensivos con los posibles errores que pueda cometer la otra parte (de lenguaje, de comportamiento, etc.).

► Salvo que uno tenga un conocimiento muy profundo de la otra lengua, es conveniente acudir a la negociación con un intérprete de plena confianza.

► No conviene aceptar sin más el intérprete que ofrezca la otra parte (no conocemos su nivel de preparación, su discreción, no sabemos si es una persona de confianza).

► Si uno tiene ciertos conocimientos de la lengua del país puede utilizarla en la presentación o en los momentos distendidos (almuerzo, pausas, etc.), pero durante la negociación es fundamental comprender perfectamente lo que la otra parte nos dice.

Capítulo 8
Relaciones Humanas y Ceremonial

Las relaciones interpersonales en el trabajo

Las relaciones interpersonales representan un aspecto clave en los niveles de productividad laboral, motivación y satisfacción personal.

Las diferencias individuales y culturales a menudo pueden complicar las relaciones interpersonales. Lo que se considera conducta apropiada para un individuo puede no serlo para otro: la educación, posición social, religión, personalidad, afiliación política, las experiencias pasadas, las formas de expresar afecto y un sinnúmero de otros factores que afectan la conducta humana y la cultura.

El saludo

El saludo es la caricia psicológica más común. La unidad básica de una interacción humana es la caricia psicológica. Por medio de ésta le hacemos saber a otra persona que nos hemos percatado de su presencia. Este reconocimiento generalmente abarca una cierta dosis de aprobación.

La caricia psicológica promueve el valor o dignidad de cada persona y puede tener una expresión verbal o física. Cuando estos saludos (o caricias psicológicas) son correspondidos, se habla de ritos psicológicos o de saludos preliminares (el intercambio social que se lleva a cabo antes de hablar sobre asuntos laborales o de negocios), antes de "ir al grano".

En el trabajo, la mayoría de las caricias psicológicas ocurren por medio de la comunicación verbal o el lenguaje corporal. Pueden incluir ademanes, sonrisas, miradas de comprensión, apretones de manos, saludos verbales (tal como hola, cómo estás), o incluso "sonoros" abrazos.

Las caricias psicológicas físicas también pueden incluir el poner una mano en el hombro, codo o espalda de otra persona. Tales gestos pueden comunicar más interés y amistad en algunos casos, pero desafortunadamente también pueden causar molestias o malentendidos.

Las mujeres, sobre todo, pueden molestarse con estas caricias psicológicas físicas, no necesariamente porque tales gestos pudieran tener una naturaleza sexual, sino más bien porque a menudo representan una muestra de superioridad.

Recibir atención es una gran necesidad humana. Muchas veces las personas prefieren atención negativa a ser ignoradas.

El trato opuesto a la caricia psicológica es actuar como si la persona no existiera y "hacerle el vacío", "o darle la espalda".

Frecuentemente las normas culturales dictan el protocolo.

Algunas caricias psicológicas pueden ser de índole neutral, que no comprometen, tal como "ya veo" o "mm". La persona parece indicar que ha escuchado pero no está opinando sobre lo que se ha dicho. Otros comentarios ofrecen más apoyo, cuidado o interés.

El lenguaje corporal y tono de voz también juegan un importante papel y afectan la intensidad del intercambio de caricias psicológicas. Generalmente, cuando los individuos se conocen bien, no se han visto durante algún tiempo, o cuando ha habido una catástrofe u otra circunstancia especial, se esperan caricias psicológicas más intensas.

Puntualidad

Los eventos deben ocurrir con toda puntualidad. Una vez que comienza el acto nadie puede subirse al "presidium", a menos que quien lo presida así lo indicare expresamente al Maestro de Ceremonias. Si un funcionario llega retardado y el acto comenzó, debe quedarse en el sitio que le indique el funcionario de protocolo.

La puntualidad se considera un signo de consideración hacia las personas que están esperando.

En las culturas que valoran puntualidad, retrasarse es equivalente a demostrar desprecio por el tiempo de otra persona y se puede considerar un insulto. En tales casos, la puntualidad se puede hacer cumplir por penas sociales, por ejemplo excluyendo enteramente a los que llegan más tarde de las reuniones.

Barreras culturales y sociales

Las diferencias sociales y raciales también pueden crear barreras artificiales. Tomará tiempo y esfuerzo poder penetrar las barreras de diferencias de rango o categoría. Solo a través de la igualdad de respeto entre las razas y naciones puede que alcancemos relaciones internacionales positivas en esta economía global. Los estereotipos culturales y étnicos hacen poco para fomentar este tipo de igualdad.

Cuando nos relacionamos con personas de otras culturas, no hay cómo sustituir la receptividad a la retroalimentación interpersonal, el poder de la observación, las preguntas eficaces y el buen sentido común. Se puede aprender mucho observando cómo las personas de la misma cultura se tratan entre sí. No hay que tener temor en hacer preguntas ya que la mayoría de las personas responden muy positivamente a consultas sobre su propia cultura. Es beneficioso preguntar a una variedad de individuos, eso sí, para obtener una perspectiva más fiel a la realidad.

El hacer un esfuerzo genuino para encontrar lo positivo de las contribuciones históricas, literarias y culturales de una sociedad, el aprender algunas frases amables en el idioma de otra persona, y el mostrar aprecio por la comida y música de otra cultura pueden tener efectos verdaderamente positivos.

Entonces, no es que no existan las diferencias culturales. Hay diferencias reales entre los pueblos que nos dan mucha riqueza. Nuestra aserción es que las personas tienen mucho más en común que lo que se suele pensar, tal como la necesidad de afiliación y cariño, de participación y de contribución. Cuando se mira más allá del exterior y de las apariencias, no quedan tantas diferencias después de todo.

Trabajar con intérpretes

Diríjale la palabra al otro participante, no al intérprete. El intérprete, a su vez, necesita hablar como si fuese el portavoz.

Los participantes mantienen contacto visual entre sí, no con el intérprete. Un arreglo eficaz es sentar a ambos participantes relativamente cerca, enfrentándolos cara a cara, mientras que el intérprete se sienta más lejos enfrentado a ambos. Al principio el intérprete puede tener que recordarles a los interesados que se dirijan la palabra y la vista entre sí. En caso de que estas precauciones fallen, el intérprete puede tratar de evitar el contacto visual con ambos participantes, exceptuando momentos en que esté pidiendo clarificación.

La conversación

La conversación es un diálogo que va más allá del rito informal o saludo preliminar. Puede tratar sobre algún asunto laboral o personal. Una conversación social puede ocurrir durante la hora de almuerzo o un viaje de negocios.

Una habilidad importante, para ser un buen conversador, es saber tomar y pasar turnos al hablar. En interacción social, la persona que siempre habla del mismo tema o es excesivamente negativa suele constituir una compañía tediosa.

El buen conversador mantiene los comentarios cortos y se asegura que la otra persona no pierda interés. En una conversación ideal, los individuos toman turnos tanto para hablar como para escuchar.

La conversación se deteriora cuando una persona habla demasiado. Esto puede ocurrir cuando alguien piensa que no le escuchan, o padece de falta de autoestima.

Algunas personas necesitan ser el foco de la atención, o temen que, una vez que suelten su turno, no lo vuelvan a conseguir.

Cualquiera sea el motivo, el monopolio de una conversación terminará alienando a otros. Es importante escuchar bien. Además, más vale escuchar con interés y atención por un tiempo corto que medio escuchar por uno más largo.

El extremo opuesto también se refleja negativamente en una persona. O sea, cuando se rehúsa el turno para comentar, se hace de rogar, o se pone mala cara. Una persona que no tiene nada que añadir o no puede expresar sus sentimientos en el momento, puede en cambio decir algo como, "ese es un problema interesante", y entonces indica a quién le toca el próximo turno.

La conversación social puede incluir un sinnúmero de temas, tal como asuntos del trabajo, deportes, salud, clima, actividades recreativas, viaje, familia, o una discusión, ya sea sobre una experiencia o un amigo mutuo.

Casi cualquier tema puede ser de interés, con tal que las personas sepan que pueden cambiar de tema. Las personas se cansan rápidamente de la negatividad, de aquellas personas que traen consigo una nube obscura llena de pesimismo.

Lo típico es que las personas hablen sobre un asunto de interés para todos los participantes. Si no, hay un acuerdo tácito: "hablaremos ahora sobre lo que le interese a usted; después hablaremos sobre lo que me interesa a mí".

Máximas conversacionales

Según el filósofo Paul Grice[1] las conversaciones son concebidas como un tipo de actividad cooperativa entre agentes racionales en la que están involucrados intereses comunicativos comunes y que están regidas por ciertas normas a las que denominó máximas conversacionales.

Estas máximas tienen un campo de aplicación que no se restringe a las conversaciones. Grice propone una máxima muy general, que llama "principio cooperativo", y una serie de máximas que serían especificaciones más concretas de ésa. El "principio cooperativo" establece que hemos de hacer nuestra contribución a la conversación tal y como en cada momento lo requiera el propósito o la dirección del intercambio comunicativo en que participamos.

Algunas de las máximas conversacionales específicas más importantes son las siguientes:

▶ Máximas de cantidad: haga una contribución tan informativa como sea necesario; no haga una contribución más informativa de lo que sería necesario.

▶ Máximas de cualidad: no diga lo que crea que es falso; no diga aquello de lo cual carezca de indicios adecuados.

▶ Máxima de relación: sea pertinente.

▶ Máximas de modo: sea claro, sea breve, sea ordenado.

Valoración de los empleados

Por medio de una cuidadosa selección, entrenamiento y evaluación del personal, la administración muestra que valoriza sus recursos humanos. Otra forma es al proveer buenos sueldos, condiciones de trabajo, saludables y seguras, y por medio de la comunicación de las políticas de la empresa. Igualmente críticos son los factores que afectan las relaciones interpersonales, tales como involucrar a los trabajadores en la toma de decisiones, el uso de estilos eficaces de comunicación y la atención prestada a los empleados.

Dependiendo del individuo y las diferencias culturales, varios ritos formales tales como los cumpleaños, bodas y funerales toman un sentido de

---

1 GRICE, H. Paul (1975): "Lógica y conversación", en *La búsqueda del significado*, pp. 511-530. Original: "Logic and Conversation"; publicado en 1975, reimpreso en *Studies in the Ways of Words*, pp. 22-40.

mucho alcance para los empleados. A menudo se espera que los empleadores asistan a estas observancias o que muestren su apoyo de alguna manera. Los trabajadores probablemente se acordarán de quién envió flores, una tarjeta, y sobre todo, quién asistió al acto.

El enviar flores, plantas o pésames son buenas formas de mostrar preocupación sin ser entrometido. Las notas por escrito son más eficaces al ser más personales. "Mi muy sentido pésame por el fallecimiento de su padre", por ejemplo, vale más que "sentí su pérdida". Más vale hacer algo concreto por la persona que ofrecer ayuda en caso que se necesite. Es conveniente recurrir a un abrazo cuando resulta difícil comunicarse verbalmente.

Otra manera de valorar a los empleados (además de tratarlos como seres humanos con necesidades, deseos, aspiraciones, pesares y éxitos) es encontrar maneras de disminuir la importancia de los aportes tradicionales. Tal vez querrá tomar ventaja de la oportunidad de participar, la próxima vez que los trabajadores lo inviten a tomar parte en un partido de fútbol, o que lo desafíen a una competencia. En estos casos, los aportes tradicionales relacionados con el puesto o la posición social pierden importancia.

Cuando los aportes de una persona no son valorados, puede aumentar el conflicto o el descontento. El motivo del desprecio puede ser basado en categoría social, autoridad, nivel de educación, nacionalidad, política, raza, u otros motivos.

Los mentores

Las personas tienen diferentes actitudes sobre el dar y pedir ayuda. Algunos se sienten beneficiados por la ayuda que hayan recibido en su vida. A su vez, pueden experimentar un sentido de gratitud u obligación tanto hacia estas personas como a la sociedad en general.

Mientras que algunos expertos adquieren su bienestar al mantener un sentido de distancia y superioridad, los mentores logran una enorme alegría al poder compartir sus conocimientos. No es que los mentores no midan la utilidad del intercambio. Al contrario, los mentores buscan personas que sean capaces de igualarlos o sobrepasarlos en habilidad o conocimientos. Refuerzan su propia reputación a través de sus estudiantes. Algunas empresas les asignan mentores oficiales, de entre los empleados más experimentados, a los nuevos trabajadores. Estos mentores pueden actuar como consejeros, asesores, o como maestros para difundir los conocimientos necesarios.

Las relaciones de mentor-aprendiz no están exentas de desafíos. Hay veces en que el mentor continúa considerando al aprendiz como a un principiante, incluso después que éste ha contribuido por cuenta propia por un tiempo prolongado. Algunos mentores detestan ser superados por sus aprendices. Sentimientos competitivos pueden desarrollarse entre los dos, produciendo una ruptura de la relación mientras se establecen nuevos papeles. Las organizaciones e individuos pueden disminuir este período de posible contención al estar armados de antemano con la comprensión de este fenómeno.

Hay supervisores que se sienten incómodos al escuchar las dificultades personales de un empleado.

Hay suficientes desafíos de índole personal, así como eventos nacionales o mundiales que pueden preocupar a los empleados. Éstos pueden afectar su capacidad de concentración y desempeño. Algunos empleados no cuentan con familiares o amistades con quien compartir sus dificultades.

Habilidades para escuchar

Al ayudar a los empleados, la clave no es intentar el resolverles cada problema, sino que muchas veces lo más importante es saber escuchar. Hay ocasiones en que el problema es suficientemente serio y donde el empleado debería buscar ayuda profesional, tal como en casos de dependencia al alcohol, drogas, depresiones prolongadas o trastornos psicológicos.

Un supervisor que recibe petición de ayuda, dado un caso laboral o personal, puede proporcionarla por medio de un enfoque de experto o de un oyente que trata de proporcionar un oído comprensivo, facilitándole de esta manera al trabajador la solución de su propia dificultad.

Sin tener en cuenta el enfoque por tomar, un crítico primer paso es tratar de claramente entender la naturaleza de la dificultad. A menudo, el problema presentado no es lo que realmente está molestando al empleado.

Al intentar la comprensión del empleado se puede usar un acercamiento reflexivo. La esencia de esta forma de abarcar la conversación requiere el reiterar lo que el otro está diciendo, lo que se hace tanto para asegurarse que se ha entendido correctamente el sentido del comentario, como para mostrar comprensión.

Eso sí, el acercamiento reflexivo puede volverse excesivo. Los trabajadores se pondrán impacientes o irritados si se refleja todo lo que ellos dicen. Reflejar es especialmente crítico en situaciones emocionales, conflictivas o donde hay posibilidades de equivocaciones graves.

Otros acercamientos para ayudar a los trabajadores a expresarse o a clarificar sus sentimientos incluyen el permitir períodos más largos de silencio o expresar confusión. En el proceso de escuchar para aumentar la comprensión va evolucionando un entendimiento más completo de la dificultad del empleado.

Enfoque especialista

El enfoque de especialista, experto, o a veces denominado "enfoque médico" es uno en el cual el supervisor escucha los síntomas del problema presentado por el trabajador, hace un diagnóstico y recomienda la "mejor y única solución". Por supuesto, un especialista tratará de diagnosticar el problema por medio de una serie de preguntas y por algún proceso diagnóstico más involucrado. Además, fomentará la comprensión del propio empleado, de que puede haber varias maneras de solucionar la dificultad.

Una regla práctica es que los desafíos técnicos se prestan a ser resueltos por medio del enfoque especialista. También, el enfoque especialista puede ser bastante eficaz cuando hay grandes diferencias en conocimiento, hay una respuesta correcta, o hay una emergencia.

Cada vez más, las personas demandan opiniones de múltiples especialistas y no quedan conformes con la idea de confiar en solo un perito. El modelo especialista, además, puede ser frustrante para aquellos empleados que sienten que su dificultad fue resuelta en una forma incompatible con su filosofía o estilo.

A veces las personas parecen estar haciendo una pregunta pero lo que buscan es más bien comprensión. Incluso, puede pasar que le digan: "No quiero que me soluciones este problema, pero sí necesito que me escuches". Puede ocurrir, en algunos casos, que un empleado esté más interesado en comprobarle la imposibilidad de resolver la dificultad que en buscarle solución al desafío.

Enfoque del oyente

El enfoque del oyente es uno en el cual el supervisor ayuda al empleado a deducir su propia solución a una dificultad. Aquí, la regla práctica es que las relaciones interpersonales, así como desafíos que han existido durante mucho tiempo, pueden requerir un enfoque de oyente. Los jefes normalmente tienen la ventaja de saber más sobre el tema que un externo pero esto puede ser un obstáculo. La persona que está más cercana a la situación puede constituir parte del problema, tener ideas preconcebidas o, tal vez, pensando que ya entiende la situación, no escuchar con el nivel de atención requerido.

Al igual que en el enfoque de especialista, en el de oyente el supervisor hace preguntas diagnósticas sobre la situación. El foco de estas preguntas es tratar de entender el desafío que el trabajador está enfrentando. El supervisor evita brindar sugerencias directas sobre cómo resolver un problema.

Después de escuchar a un empleado por un tiempo, si no se ha llegado a ninguna solución, hay dos preguntas que pueden ayudar a salir de un aprieto y ayudar a buscar un cierre positivo. La primera es, "¿Qué puedo hacer yo para ayudarlo?". El empleado entonces se ve obligado a definir exactamente cómo ve su papel en la solución del desafío. Si el trabajador le dice, "Yo solo quise a alguien que me escuchara", entonces ya sabe que el enfoque de oyente fue el más apropiado. La segunda pregunta, es "¿Qué piensa hacer ahora?" Esta pregunta le da la oportunidad al empleado de tener la última palabra, resumir lo que está sintiendo y una vez más, tomar las riendas de su desafío.

No es solo el hacer preguntas lo que hace el enfoque de oyente. Algunas personas que dan consejos fácilmente pueden aparecer como expertos aun sin hacer declaraciones directas. Por ejemplo, "¿No le parece a usted...?" es un consejo disfrazado de pregunta.

El enfoque oyente puede ser frustrante para el trabajador que busca a un experto. En el enfoque oyente, se supone que la solución está dentro del individuo con el desafío; puede que esto no sea el caso.

Enfoque flexible

Este enfoque mixto combina aspectos del modelo experto-especialista y el enfoque de oyente. Esta orientación puede ser la más difícil a conquistar ya que demanda mucha flexibilidad. Puede que en un momento dado esté dando un consejo y en otro ayudándole al empleado a comprender sus necesidades internas. La mayoría de las personas, una vez que han decidido cómo solucionar el desafío, tienen dificultad en seguir escuchando los problemas del empleado. La tendencia natural es empezar a dar consejos una vez que pensamos que entendemos el problema y vemos cómo lo solucionaríamos. Es difícil volver un paso atrás cuando esa solución no es la que le serviría al empleado. Y es éste el punto principal, que cada persona tiene problemas que tienden a ser diferentes, en gran parte basado en nuestras personalidades. La efectividad del oyente puede fácilmente perderse si éste soluciona la dificultad antes que la solucione el afectado.

Parte de ser un buen oyente requiere una lucha consciente por mantener una mente abierta y evitar nociones preconcebidas. Un supervisor puede autoevaluar su estilo de asesor al preguntarse si está permitiendo que la persona con el problema hable más; si está evitando conclusiones prematuras basadas en comentarios del empleado o en información obtenida de otras fuentes; si está ayudándolo a resolver su propio desafío o está siendo demasiado directivo; si está permitiendo que el empleado retenga responsabilidad por su propia dificultad.

Un punto final por abordar es la importancia de una estricta confidencialidad. Puede haber algunas excepciones donde la información deba ser compartida con otros individuos. Pero muchas veces no es necesario dar todos los detalles particulares mencionados: esto se puede hacer con el permiso del afectado. Un supervisor también puede buscar consejos de un profesional calificado para tratar temas sensibles.

En definitiva, las caricias psicológicas tienden a validar el sentido de cotización que siente una persona. La mayoría de los empleados esperan por lo menos algún intercambio de caricias psicológicas antes de empezar a hablar del trabajo. Poder llevar a cabo una conversación positiva, lo que es una habilidad interpersonal, está basado en la habilidad de los participantes en poder tomar y pasar turnos.

Activar el liderazgo a través de la escucha

El liderazgo trata de dar forma y modificar la manera en que prestamos atención a una situación y de manera subsecuente respondemos a estas.

El problema es que en la mayoría de los casos, ejercemos el liderazgo de forma que somos incapaces de reconocer, por no hablar de cambiar, los hábitos estructurales que determinan cómo prestamos atención en nuestras organizaciones y redes. Activar nuestra forma de liderazgo implica cualificar la forma en que escuchamos, así como reducir la velocidad para comprender.

Otto Scharmer[2] identifica cuatro clases diferentes de escucha:

Modo descarga, escucha crítica, escucha empática y escucha generativa

Escucha 1: Descargando

Esta clase de escucha supone reconfirmar nuestros juicios habituales. Cuando estamos en una situación donde todo lo que ocurre confirma lo que sabemos, podemos decir que operamos "en modo descargar".

---

2   Di Génova, Antonio Ezequiel. *Manual de Relaciones Públicas e Institucionales.* Ugerman Editor. Bs. As Primera Edición. 2012.

Escucha 2: Hechos

Esta clase de escucha es factual, se centra en hechos, datos u objetos nuevos: prestamos atención a los hechos y datos novedosos o falsos. Supone apagar la voz interna de juzgar para escuchar las voces que están frente suyo. Apreciamos lo que se diferencia de lo que ya conocemos. Esta "apertura mental" ante nuevos hechos constituye el modo básico de la buena ciencia. Dejamos que los datos nos hablen. Hacemos preguntas y ponemos especial atención a las respuestas que obtenemos.

Escucha 3: Empática

Esta clase de escucha es empática, emocional. Cuando formamos parte de un diálogo real y prestamos atención cuidadosamente, podemos notar un cambio profundo en el lugar desde el cual nuestra escucha se origina. Nos desplazamos de la observación del mundo objetivo de las cosas, números y hechos (el "mundo-eso") a escuchar la historia de un ser vivo y en evolución (el "mundo-tú").

Algunas veces, cuando decimos "sé cómo te sientes," nuestro énfasis es en una clase de saber mental abstracto. Pero para realmente sentirse como otra persona, debemos tener una conexión emocional. Solo un corazón abierto nos brinda la capacidad empática de conectarnos directamente con otra persona desde adentro. Cuando esto sucede, sentimos un cambio profundo ya que entramos a un nuevo territorio en la relación; olvidamos nuestra agenda personal y empezamos a ver el mundo a través de los ojos de otra persona.

Escucha 4: Generativa

Esta clase de escucha se mueve más allá del campo actual y nos conecta a una esfera aún más profunda de lo que emerge. Scharmer llama a este nivel de "escucha generativa", que supone escuchar desde el campo emergente de posibilidades futuras. Este nivel de escucha requiere que accedamos no solo a nuestro corazón abierto, sino también a nuestra intención abierta, nuestra capacidad de conectarnos con las más altas posibilidades de desarrollo futuro, de lo que puede emerger. Ya no buscamos algo afuera, no sentimos empatía por alguien frente a nosotros. Estamos en un estado alterado, de unidad o "comunión" que tal vez sea la palabra que más se acerca a describir esta experiencia. Lo sabemos a posteriori: algo ha cambiado de tal forma que ya no podemos volver a ver las cosas como antes.

Trabajo en equipo

El trabajo en equipo implica un grupo de personas trabajando de manera coordinada en la ejecución de un proyecto. Cada miembro está especializado en un área determinada que afecta al proyecto. El trabajo en equipo no es simplemente la suma de aportaciones individuales.

El equipo de trabajo está conformado por un grupo de personas que realizan coordinadamente tareas para una organización; que actúan de forma interdependiente y que definen determinados estándares comunes de actuación, tales como: eficacia, precisión y dedicación.

El trabajo en equipo no es simplemente la suma de aportaciones individuales; implica un grupo de personas trabajando de manera coordinada en la ejecución de un proyecto en el que cada miembro está especializado en un área específica que afecta el proyecto. Los equipos se equivocan en promedio un treinta por ciento menos que los individuos mejor dotados y que trabajan en forma individual.

Las 10 "C" del Trabajo en Equipo

Consenso. Coordinación. Comunicación. Confianza. Compromiso. Cooperación. Cohesión. Compatibilidad. Complementariedad. Creatividad.

Consenso

Nos referimos fundamentalmente al consenso en la prosecución de los objetivos que todo equipo de trabajo se plantea.

Implica un acuerdo programático que identifica la finalidad hacia la cual deben dirigirse los recursos y esfuerzos para dar cumplimiento a los propósitos.

Los objetivos deben ser significativos, razonables y cuantificables. Es decir, deben tener valor para la organización, deben estar alineados con la capacidad logística y operativa de la empresa, y deben ser mensurables.

Un objetivo es un elemento práctico que se corresponde con el diagnóstico de situación elaborado. Los objetivos resultan ser el corolario del proceso de investigación y actúan como nexo direccional del posterior proceso de planificación.

Todo objetivo representa una proposición que debe reunir tres características mínimas:

▶ **Intención:** representa aquello que nos proponemos hacer o alcanzar. Debe tratarse de una intención posible y realizable.

▶ **Proporción o medida:** forma de cuantificar la intención en términos de porcentajes o proporciones cuantitativas.

▶ **Plazo:** límite de tiempo. Se trabaja en la prosecución de objetivos de corto plazo (un año), de mediano plazo (de dos a tres años) y de largo plazo (más de tres años).

Coordinación

La coordinación se ofrece como un medio que propende a la unificación de esfuerzos para una acción común y tiende a gestionar las interdependencias entre actividades.

Cada miembro domina una parte determinada del proyecto. Cada miembro coordinada y relacionalmente trata de aportar lo mejor de sí mismo, comprometido con los resultados y sin buscar destacarse entre sus compañeros, porque confía en que éstos harán lo propio.

El equipo responde de los resultados obtenidos, pero goza de libertad para organizarse como considerare más conveniente. Dentro de ciertos márgenes, el equipo tomará sus propias decisiones sin tener que estar permanentemente solicitando autorización a los estamentos superiores.

Comunicación

Todo Equipo necesita coordinar sus esfuerzos y comunicarse. Si bien una buena parte de la comunicación en un equipo de trabajo fluye naturalmente, lo cierto es que se trata de un aspecto clave en su desarrollo y debe ser abordada sistemáticamente.

Cuando nos referimos a comunicación, lo hacemos tanto a la que se produce entre los miembros del equipo como a la que tiene que ver con la divulgación de los resultados de sus trabajos con el resto del equipo y con los actores que el contexto requiera (inversores, autoridades, accionistas, comunidad, etc.).

La diversidad y calidad de los canales de comunicación disponibles marcan una diferencia cualicuantitativa en el proceso de comunicación.

La comunicación que debe circular por estos canales es de tipo informativa, técnica. Quien informa debe tener como propósito transmitir un quantum de datos, precisamente encodificados, objetivos, concisos y fundamentados.

La comunicación se constituye como una ayuda importante en la solución de problemas, se la puede identificar como facilitadora en la toma de decisiones, pues brinda la información requerida y evalúa las alternativas que se puedan presentar.

Confianza

La confianza es un valor muy potente, que no solo sirve para manejarnos en lo cotidiano, sino que permite la toma de decisiones de alto rendimiento en contextos de alta complejidad e incertidumbre.

La confianza entre los miembros del equipo y la organización que representan resultan primordiales a la hora elegir estratégicamente, de estimar y de desestimar, de sopesar, de guiar la acción, de darle sentido a la tarea. En definitiva, legitima y construye equipos sanos y perdurables.

La confianza consiste en no inquietarse por el "no control" del otro. La confianza coadyuva a la implementación de un liderazgo participativo, basado en el diálogo explícito y democrático.

El verdadero liderazgo es, en el fondo, un diálogo sobre valores.

El futuro de la empresa se configura articulando valores, metáforas, símbolos y conceptos que orienten las actividades cotidianas de creación de valor por parte de los empleados.

La confianza entre los miembros del equipo se trasunta por lo general en equipos confiables. Esta confiabilidad expresa un cierto grado de seguridad de que un dispositivo o sistema opera exitosamente en un ambiente específico durante un cierto período.

Cuando la confiabilidad se define cuantitativamente puede ser especificada, analizada, y se convierte en un parámetro del diseño de un sistema que compite contra otros parámetros tales como costo y funcionamiento.

Compromiso

El compromiso en el ámbito de un equipo de trabajo se identifica con el esfuerzo voluntario por parte de sus integrantes por implicarse en la prosecución de resultados.

Un equipo comprometido se entusiasma con su trabajo y en ocasiones, actúa de una forma que va más allá de los requerimientos de su función.

Podemos identificar un compromiso organizacional afectivo, entendido como un estado emocional positivo que surge de la valoración del trabajo de uno mismo; un compromiso de continuidad y permanencia en el grupo; un compromiso extra-rol voluntario, tendiente a facilitar el funcionamiento del equipo en las ocasiones en las que se debe reemplazar a un miembro y un compromiso laboral, en el que se prioriza alcanzar las metas previstas.

Cooperación

La cooperación o colaboración es una actividad estratégica que debe formar parte del proceso de trabajo del equipo.

La cooperación es posible luego de haber identificado e internalizado los objetivos en común planteados por el Equipo de Trabajo.

La cooperación debe fluir, sin que necesariamente exista una autoridad que obligue a cada cual a cooperar. Cooperar con el equipo resulta ser también una buena forma de alcanzar el éxito individual de cada uno de sus integrantes. Todos los miembros de un equipo se benefician con la cooperación.

Los seres humanos frecuentemente actuamos de forma más cooperativa de lo que dictaría el simple interés personal. Y quizás haya una razón de peso en ello: la cooperación en un grupo se premia, la "no-cooperación" o competencia estéril se castiga severamente.

La cooperación genera aprendizaje y el aprendizaje colaborativo es uno de los componentes esenciales de la nueva educación y se caracteriza por ser progresista, práctica, vital, participativa, democrática, activa y motivadora.

Cohesión

La cohesión implica el grado de consenso de los miembros de un Equipo, de su percepción de pertenencia a un proyecto o situación común. Es una medida de la intensidad de la interacción dentro del Equipo que posibilita la generación de un sentimiento de cuerpo.

La cohesión genera lazos socio-afectivos entre los integrantes del Equipo y se desarrolla en un marco de respeto de las normas de trabajo preestablecidas y consensuadas. Esto quiere decir que esas normas en las que se basan las relaciones son percibidas como justas entre los integrantes del equipo.

Cohesión es sinónimo de integración, que desde el punto de vista sistémico tiende a generar homeostasis y equifinalidad, de forma tal que cada componente del Equipo, en cumplimiento de su función, y aunque sea por caminos diferentes, igualmente buscará llegar al mismo fin.

Compatibilidad

Nos referimos a la compatibilidad psicológica que debe existir entre los miembros de un equipo, que permita la búsqueda de una estructura funcional adecuada en virtud de la actividad a realizar. La compatibilidad psicológica representa una condición imprescindible y la garantía del ulterior perfeccionamiento del equipo. Debe existir una correspondencia intelectual y sociocultural entre los miembros de un equipo.

La comunión en valores tales como la lealtad, la tenacidad, la autocrítica, la crítica constructiva, la autodeterminación para tomar decisiones, la responsabilidad y la ética profesional, debe ser marcada.

Complementariedad

Hoy por hoy se requieren equipos conformados por personas altamente especializadas en áreas específicas. El conocimiento requerido deja de ser enciclopedista y general para pasar a ser uno de tipo especializado, técnico y científico. Cada miembro del equipo es un especialista en una parte del fenómeno que se aborda y se complementa en los saberes y en el desarrollo global de la materia de trabajo y análisis.

La complementariedad genera sinergia a pesar de que cada miembro se enfoca y especializa en un aspecto del fenómeno; el conocimiento relevante es compartido por todos los individuos, generando lo que se conoce como un modelo mental compartido.

Creatividad

El pensamiento original, divergente o creativo importa la generación de nuevas ideas o conceptos, o de nuevas asociaciones entre ideas y conceptos conocidos y que habitualmente producen soluciones originales.

El pensamiento creativo es un proceso mental que nace de la imaginación y que necesariamente deber ser valorado por el resultado final, a diferencia del pensamiento convencional que puede ser analizado en cada una de sus fases de generación y desarrollo.

La creatividad engloba varios procesos mentales entrelazados.

La creatividad es propia del ser humano e implica intrínsecamente valentía, riesgo y atrevimiento. Es muy relevante para identificar la necesidad de "salirse de la rutina y de lo cómodo" para intensificar las conexiones cognitivas y emocionales.

Mediante la creatividad se fomenta la curiosidad intelectual, la capacidad crítica, intuitiva y asociativa, los enfoques flexibles y la imaginación.

Diferencias entre equipo de trabajo y grupo de trabajo

Grupo de trabajo es un conjunto de personas que realizan dentro de una organización una labor similar.

Suelen estar próximas físicamente, tienen un mismo jefe, realizan el mismo tipo de trabajo pero son autónomos, no dependen del trabajo de sus compañeros: cada uno realiza su trabajo y responde individualmente del mismo.

Las diferencias entre equipo de trabajo y grupo de trabajo son importantes:

El equipo de trabajo responde en su conjunto del trabajo realizado mientras que en el grupo de trabajo cada persona responde individualmente.

En el grupo de trabajo sus miembros tienen formación similar y realizan el mismo tipo de trabajo (no son complementarios). En el equipo de trabajo cada miembro domina una faceta determinada y realiza complementariamente una parte concreta del proyecto.

En el grupo de trabajo cada persona puede tener una manera particular de funcionar, mientras que en el equipo es necesaria la coordinación, lo que va a exigir establecer unos estándares comunes de actuación (rapidez de respuesta, eficacia, precisión, dedicación, etc.).

En el equipo de trabajo es fundamental la cohesión, hay una estrecha colaboración entre sus miembros. Esto no tiene por qué ocurrir en el grupo de trabajo.

El grupo de trabajo se estructura por niveles jerárquicos. En el equipo de trabajo, en cambio, las jerarquías se diluyen: hay un jefe de equipo con una serie de colaboradores, elegidos en función de sus conocimientos, que funcionan dentro del equipo en un pie de igualdad, aunque sus categorías laborales puedan ser muy diferentes.

Capacitación

La capacitación es una actividad planeada y basada en necesidades reales de una empresa, orientada hacia un cambio en los conocimientos, habilidades y actitudes de los empleados. En tanto que el entrenamiento es aprender por medio de la práctica en el mismo lugar de trabajo, la capacitación es la *función educativa* dentro de una empresa por lo cual se deben satisfacer necesidades presentes y prever necesidades futuras, resultado de la preparación y habilidades de los colaboradores.

Motivos que la justifican

Varias son las causas que pueden dar origen a la decisión y luego a la realización de la capacitación dentro del ámbito de la empresa. Algunas de las más comunes son:

▶ Por deficiencia total o parcial o desactualización de conocimientos.

▶ Por cambios de la estructura jerárquica o de cualquier tipo.

▶ Por exigencia de la utilización de nuevas tecnologías.

Las capacidades a mejorar

Las capacidades del personal que trabaja en una empresa que pueden ser desarrolladas o mejoradas mediante una buena acción de capacitación se agrupan en tres grandes categorías:

1. **Capacidad Técnica**: la condición técnica implica la comprensión y el dominio de una especialidad, esencialmente en lo que se refiere a métodos, procesos, procedimientos y técnicas de trabajo. Es sencillo comprobar la existencia de la capacidad técnica de un analista de sistema, contador, músico o cirujano cuando se encuentran desarrollando las funciones específicas.

2. **Capacidad Humana**: es lo que permite el óptimo manejo de los RR.HH. propios y crear el ambiente de armonía necesario para la convivencia en una empresa. Comprende a las relaciones con los individuos y con los grupos que ellos forman, atendiendo a sus necesidades y procurando su satisfacción. El administrador debe saber entender la personalidad de cada subordinado para lograr de éste la mayor colaboración y eficiencia posible.

3. **Capacidad Conceptual**: está dada por el conocimiento genérico, global de la empresa, que permite al administrador tomar las decisiones más importantes que hacen a la conducción de la empresa en su conjunto y su relación con el contexto en que está inserta. Comprende el conocimiento de cómo las diferentes funciones de una organización dependen unas de otras y se extiende a la percepción de las relaciones de la empresa con la

rama de actividad que desarrolla (industrial, comercial, financiera, agropecuaria) con la comunidad y las fuerzas políticas, sociales y económicas de su medio. Esta habilidad requiere, por ejemplo, del manejo de las leyes económicas de los distintos aspectos del mercado, del régimen laboral de la competencia, de forma tal de poder conducir a la empresa hacia los objetivos, sorteando las dificultades que el mercado y la competencia imponen.

Importancia de la capacitación

Existen varias ventajas, tanto explícitas como implícitas, al llevar a cabo acciones de adiestramiento y capacitación, algunas de ellas muchas veces no son consideradas:

1. Provoca un incremento de la productividad, porque un incremento en las capacidades usualmente da como resultado una mejora, tanto en la cantidad como en la calidad de la producción.

2. Desarrolla una alta moral en los empleados, porque sienten que la empresa los tiene en cuenta, desea que se desarrollen y mejoren.

3. Reduce la necesidad de supervisión, porque el empleado capacitado es una persona que puede desarrollar su labor con una supervisión mínima, alcanzando mayor grado de independencia en sus labores.

4. Reduce los accidentes, porque muchos accidentes son causados más por deficiencia humana debido a la falta de entrenamiento que por falla en los instrumentos o en los equipos de trabajo.

5. Mejora la estabilidad de la organización y su flexibilidad, porque la habilidad de una organización para mejorar su efectividad a pesar de las pérdidas de personal clave, se puede desarrollar solamente mediante la creación de una reserva de personal de reemplazo entrenado.

Condiciones de la capacitación

Algunas de las condiciones claves a la hora de llevar a cabo la capacitación son:

► Debe ser adecuada a las necesidades reales que intenta satisfacer.

► Debe realizarse de forma metódica respondiendo a las características del tema, tiempo, lugar y participantes.

► Debe ser continua, aunque con períodos de descanso.

► Debe exigir la participación activa de cada persona.

Responsabilidad Social Empresarial (RSE)

El *World Business Council for Sustainable Development* (WBCSD) va a definir la RSE como: "El compromiso de la empresa para contribuir en el desarrollo económico sostenido trabajando con empleados, sus familias, la comunidad local y toda la sociedad para mejorar la calidad de vida" (Holliday, Schmidheiny and Watts 2002:103).

RSE y la generación de Valor Sostenible[3]

La RSE consiste básicamente en la generación de valor sostenible, como superación de los paradigmas tradicionales del capitalismo, vinculados a la rentabilidad indiferente de los entornos sociales y políticos en los cuales se desarrolla.

El primer paradigma empresario es el de la Creación de Valor Económico. A diferencia de la mera búsqueda del aumento de la rentabilidad, entendida como el retorno sobre la inversión, consiste en el intento estratégico de hacer máximo el valor del patrimonio neto.

El segundo paradigma empresario es el de la Creación de Valor Social. Se basa en la búsqueda de la prosperidad social, del bienestar general, de la solidaridad, de la ruptura de desigualdades, de disminución del desempleo, y del hambre.

El capitalismo necesita prosperidad de la sociedad. Pero hay algo más. La competitividad, cada vez más extrema entre las empresas de todos los sectores, hace que las ventajas competitivas de cualquier producto sean cada vez más efímeras. La única ventaja más sostenible es el servicio. Pero "servicio" es "corazón intensivo". Depende de nuestra gente interna. Entonces necesitamos a nuestra gente compartiendo un sueño común. Bienestar afuera y alineación adentro. La Creación de Valor Económico necesita desesperadamente la Creación de Valor Social.

---

3   Scharmer, Otto C. Teoría U. *Liderar desde el futuro a medida que emerge*. Editorial Eleftheria. Barcelona. 2015.

El tercer paradigma es el de la Creación de Valor Sostenible. Resulta de la interacción sistémica y sistemática de los otros dos paradigmas.

Pacto Mundial de las Naciones Unidas

El Pacto Mundial de las Naciones Unidas es una iniciativa de compromiso ético, destinada a que las empresas de todos los países incorporen, como una parte integral de su estrategia y de sus operaciones, nueve principios de conducta y acción en materia de Derechos Humanos, Trabajo y Medio Ambiente.

Su fin es promover la creación de una ciudadanía corporativa global, que permita la conciliación de los intereses y procesos de la actividad empresarial con los valores y demandas de la sociedad civil, así como con los proyectos de la ONU, organizaciones internacionales sectoriales, sindicatos y ONG.

El pacto es un instrumento de libre adscripción por parte de las empresas y organizaciones laborales y civiles.

El pacto funciona como una red integrada de trabajo en la que las compañías participantes, la ONU y sus organizaciones sectoriales, las ONG globales y las uniones sindicales internacionales, promueven los objetivos y principios de éste, en torno a cuatro componentes o instrumentos principales, que marcan el estilo de trabajo y las actividades que desarrollan las entidades adheridas al pacto:

a. Iniciativas conjuntas para la promoción de buenas prácticas empresariales.

b. Creación de foros de diálogo y redes de colaboración entre el mercado y la sociedad, en las materias objeto del pacto.

c. Un foro activo de educación y aprendizaje para promover estos valores entre la comunidad educativa, así como estudios de casos e iniciativas piloto de implementación de los principios.

d. La creación de redes y plataformas locales y nacionales que permita el aprendizaje mutuo entre empresas, y dar respuesta a las necesidades e intereses específicos de cada comunidad empresarial en su progreso hacia la implantación de los nueve principios.

Los nueve principios del Pacto Mundial

Derechos Humanos

1. Apoyar y respetar la protección de los derechos humanos fundamentales a nivel internacional dentro de su esfera de influencia.

2. Asegurarse de que sus propias corporaciones no actúan como cómplices en la violación de los derechos humanos.

Condiciones Laborales

3. Apoyar la libertad de afiliación y el reconocimiento efectivo del derecho a la negociación colectiva.

4. Eliminar todo tipo de trabajo forzoso u obligado.

5. Erradicar el trabajo infantil.

6. Eliminar la discriminación con respecto al empleo y la ocupación.

Medio Ambiente

7. Fomentar enfoques preventivos ante los desafíos medioambientales.

8. Llevar a cabo iniciativas para el fomento de una mayor responsabilidad medioambiental.

9. Facilitar el desarrollo y la divulgación de medios tecnológicos respetuosos con el medio ambiente.

La medición de la responsabilidad de las empresas

En los últimos años estamos asistiendo a un debate cada vez más intenso acerca de los diferentes modelos de medición, relacionados con la manera de actuar de las compañías.

Iniciativas como *Global Reporting Initiative* (GRI), han permitido dar un gran paso adelante en este sentido, publicando directrices de reporte e indicadores que permiten valorar y medir de una forma estandarizada la manera de proceder de las compañías, en temas tales como el medioambiente, las relaciones con los empleados, clientes, y otros grupos de interés concurrentes.

Global Reporting Initiative, organización sin fines de lucro creada en 1999, ha venido trabajando en los últimos tiempos en la elaboración de un estándar, abierto y globalmente aceptado, para la elaboración, por parte de las empresas, de memorias de responsabilidad social corporativa; en éstas, las compañías responden a las exigencias externas y dan cuenta de sus resultados en los ámbitos social y medioambiental.

El modelo *Global Reporting Initiative* ofrece varias ventajas: permite la comparabilidad y facilita el escrutinio de los agentes externos, incluidos los mercados, al estandarizar la información social y medioambiental emitida por las empresas; a éstas les facilita el trabajo, proporcionando un modelo de reporte que lleva camino de convertirse en el estándar universalmente aceptado.

Relaciones Públicas y Comunicación para el Desarrollo Sustentable

Resulta imprescindible torcer el rumbo de la profundización de la crisis ambiental que nos afecta a todos.

Estado, sociedad civil y sector privado deben articular políticas y acciones tendientes a ponerle un freno a los crecientes procesos de deterioro ambiental.

En este contexto apremiante, las Relaciones Públicas representan una gran oportunidad para promover programas de comunicación educativos, de concientización ambiental, de desarrollo sostenible, de funcionamiento de la biósfera y de los procesos bio-geo-químicos que mantienen la vida en el planeta.

El valor que las Relaciones Públicas e Institucionales pueden agregar al proceso de la comunicación para el desarrollo sostenible es incuestionable.

Las Relaciones Públicas se abren a la consideración pública promoviendo espacios académicos altamente jerarquizados para el estudio y análisis de los nuevos escenarios y desafíos de las comunicaciones corporativas e institucionales.

Capítulo 9
Vexilología & Condecoraciones

Vexilología

Es una disciplina que se encarga del arte de las banderas, de sus colores y de sus formas. El Ceremonial estudia, atentamente, esta disciplina para poder cumplir con su propio fin, que es facilitar la comunicación entre las personas reconociendo a ellas el lugar que ocupan en la sociedad.

Las banderas y el Ceremonial

Las personas, las banderas, los escudos y los himnos, son objeto de las precedencias. No da lo mismo que una enseña patria esté a la izquierda y que se ejecute un himno con antelación o posterioridad a otro.

Las banderas representan a Estados, provincias, municipios, ciudades, y a instituciones socioculturales, económicas, deportivas y/o empresariales.

La Bandera Nacional es un símbolo patrio de gran significación histórica y debe ser colocada en el centro métrico del escenario desde donde se desarrollará un acto. Si éste estuviere ocupado por el escudo nacional, por un estrado, un proyector o cualquier otro elemento, dicha bandera se ubicará del centro hacia la derecha del escenario.

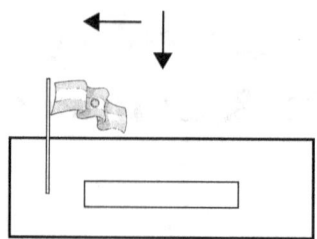

Ubicación de la Bandera Nacional en un escenario cuando el centro métrico está ocupado (en este caso por un escritorio).

Si se tratare de un estrado del que participen varios disertantes, será necesario ubicar la Bandera Nacional en el extremo derecho del escenario.

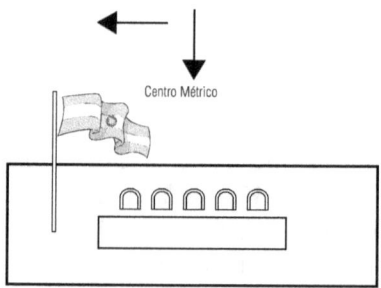

Si fuere necesario ubicar otra bandera en el escenario, por ejemplo la de otro país o provincia, ésta última se colocará en el extremo opuesto del salón.

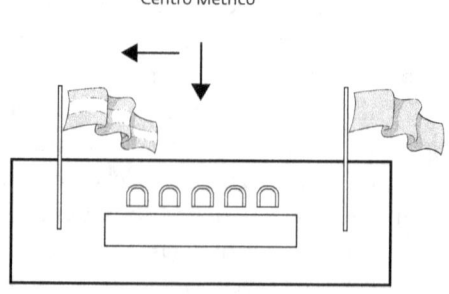

Si fuera necesario, por ejemplo, colocar en el centro métrico la Bandera Nacional junto a la bandera de una provincia y la bandera de una ciudad, la primera debe ir en el centro. A su derecha la provincial y a la izquierda la de la ciudad.

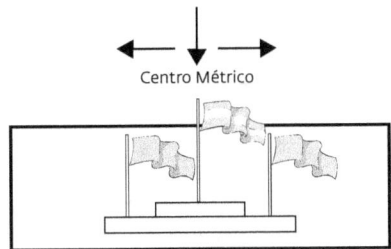

Si se tratare de un número par de banderas, por ejemplo cuatro, la derecha la ocupará la Bandera Argentina. Luego, por orden alfabético, los países restantes.

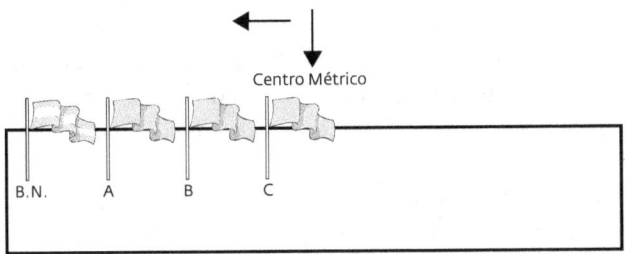

Si se tratare de un edificio, se colocará la Bandera Nacional a la derecha de la puerta de acceso principal. (a) Si existiere un balcón central la Bandera Nacional se ubicará en su centro métrico. (b)

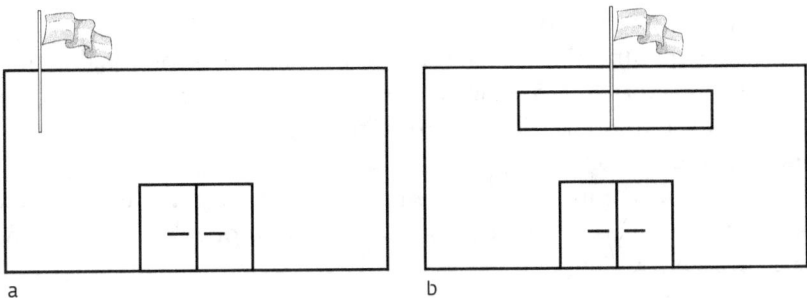

Cuando sea necesario colocar banderas de otros países, éstas se ubicarán a la izquierda de la nacional de acuerdo al orden alfabético de las naciones que representan. Si se tratare de una única otra bandera ésta se podrá ubicar en el extremo opuesto de la fachada del edificio. (c)

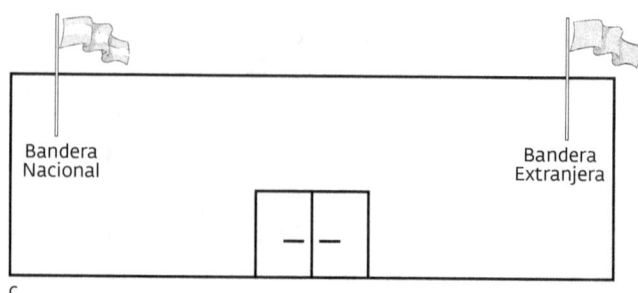

Ceremonial de la Bandera

La Bandera Oficial de la Nación, está formada por tres franjas horizontales de igual tamaño, dos de ellas celeste y una blanca en el medio. En el centro de la franja blanca se reproduce el sol de la primera moneda argentina con los treinta y dos rayos flamígeros y rectos colocados alternativamente, en amarillo oro.

Hasta hace muy pocos años, existía una norma que limitaba el uso de la bandera con sol, ya que particulares, asociaciones o cualquier otra entidad privada debían usar solamente los colores nacionales, en forma de bandera, sin sol, de escarapela o estandarte, pero gracias a la sanción y promulgación de la Ley N° 23.208 de 1985 tienen derecho a usar la bandera oficial de la Nación el Gobierno Federal, los Gobiernos Provinciales, como así también los particulares, debiéndosele rendir siempre el condigno respeto y honor. El uso de la bandera menor, sin sol, queda entonces para adorno de fachadas de edificios, vehículos y comercios.

La Bandera Oficial deberá izarse siempre al subir el sol, usualmente alrededor de la hora 8.00 y arriarse en el ocaso. Por ningún motivo deberá quedar izada durante la noche. Pero en tiempo de guerra, deberá izarse en todo lugar, día y noche.

Se iza rápidamente y se arría despacio, debiendo, cuando es izada a la par de otras enseñas, ser la primera en alcanzar el tope del mástil y la última en descender.

La enseña nacional jamás deberá ser izada con otras banderas en el mismo mástil, excepto insignias militares y tampoco podrá tocar tierra o agua.

Luego de arriarse, deberá encanastarse, procurando dejar el sol en la parte visible (se reúnen los pliegues en forma de bolsa invertida).

Las banderas bendecidas no podrán ser lavadas ni planchadas. Una vez dejadas de uso, si son históricas deberán ser guardadas con el condigno respeto, en caja, cofre, etc. Si no se desea conservar, deberán ser quemadas.

Si se cuenta con la presencia de banda de música o reproductor de sonido, la bandera se iza con la canción "Aurora". Los días 25 de Mayo y 9 de Julio, juntamente con el izado, se entona el Himno Nacional Argentino.

La disposición de bandera a media asta, la fija el Gobierno de la Nación. Cuando deba permanecer a media asta, será llevada al tope y luego de permanecer un instante en esa posición, se arriará hasta el lugar correspondiente a media asta. Para arriarla, estando a media asta, se la llevará previamente al tope, manteniéndose un instante en dicha posición y luego se arría.

En los días 25 de Mayo y 9 de Julio, nunca se izará a media asta, debiendo suspenderse durante esos días cualquier honor u homenaje que así lo determinara.

La bandera argentina siempre ocupará el lugar más destacado en un grupo de banderas de distintos países: Al centro, más adelante o bien en el extremo derecho del grupo u ornamentación.

En todo momento se rendirá a la Bandera Nacional el máximo honor y respeto como afirmación de educación patriótica, dando el ejemplo el personal del establecimiento que suspenderá toda tarea u ocupación a su paso para rendirle el homenaje que se le debe.

En el izamiento de la Bandera Oficial, se aplaude al llegar al tope. Se arría en silencio.

Para la ubicación de las banderas, según la ley de la derecha, se utiliza el orden alfabético de las naciones, según el idioma de origen o de la entidad organizadora.

Las misiones diplomáticas tienen derecho a izar su pabellón sin necesidad de izar la enseña del país local. Los particulares extranjeros deben izar siempre, conjuntamente con la bandera de su país de origen, la bandera del país local, y respetando la ley de la derecha.

Cuando se iza la bandera de una región o provincia de un país extranjero, deberá izarse siempre la bandera nacional de ese país. Es correcto completar el conjunto con la bandera de la provincia argentina correspondiente.

Los embajadores, jefes de misión o representantes de Jefes de Estado, pueden usar una banderola de su país a la derecha del vehículo que los conduce. El resto de la comitiva lleva a la derecha la argentina, a la izquierda la del país que corresponde.

Especificaciones de la Bandera Oficial de la Nación

Características de la tela poliéster para la confección de la Bandera Oficial de la Nación:

De confección lisa, sin costura, cuando su ancho no supere los ciento cincuenta centímetros. Sin fleco alguno en su contorno, sin ninguna inscripción en el paño.

La proporción entre el ancho y el largo de la Bandera, independientemente de su tamaño, será de uno por uno y medio a uno por dos, respectivamente.

Bandera de Ceremonia de la Nación

Del mismo modo que sucede con el izamiento de la Bandera Nacional Oficial que se aplaude al llegar al tope y se arría en silencio, la Bandera de Ceremonias se recibe con un aplauso a su ingreso al Acto y se la observa en silencio cuando se retira.

La Bandera de Ceremonia de la Nación que deberá utilizarse en actos públicos y desfiles será la Bandera Oficial de la Nación, antes caracterizada con las siguientes modificaciones:

Confección en doble tela, sol bordado en ambas caras en relieve, sin relleno, con hilo metálico bañado en oro o similar dorado.

En la Bandera de Ceremonia de la Nación no se aplica el color castaño sombreado de la cara, circunferencia y rayos de la Bandera Oficial.

La Bandera de Ceremonia de la Nación tendrá un metro cuarenta centímetros de largo por noventa centímetros de ancho, correspondiendo a cada franja treinta centímetros. En el lado destinado a la unión con el asta llevará un refuerzo de tela resistente, a la que estarán cosidas, cada treinta centímetros, dos cintas de tejido fuerte, de quince centímetros de largo cada una, de color blanco, destinadas a unir la Bandera con el asta.

Asta

Será de madera de guayaibí u otra similar, dura y torneable, de una sola pieza o de dos piezas desarmable, lustrada, con un largo de dos metros y un diámetro de tres centímetros y medio. Llevará cuatro grapas en las que irán las cintas destinadas a unir la Bandera con el asta.

Moharra y Regatón

Serán de acero o bronce cromados. La moharra de veinte centímetros de largo, llevará como base una media luna, que medirá de vértice a vértice doce centímetros. El regatón será de diez centímetros de largo.

Corbata

Será de igual tela y colores que la Bandera, de sesenta centímetros de largo por diez de ancho y llevará, como ornato, fleco de gusanillo de hilo metálico bañado en oro o similar dorado.

Tahalí

Tira que cruza por el pecho y la espalda, desde el hombro derecho hasta el lado izquierdo de la cintura de cuero forrado con igual tela y colores que la Bandera, terminado en una cuja del mismo material y características.

Escarapela Nacional

Los colores celeste y blanco y la tela de la Escarapela Nacional serán los especificados para la Bandera Oficial de la Nación.

Himno Nacional

Tratamiento y uso

a) Solamente se entonará el Himno Nacional en los Actos que presida la Bandera Nacional. b) Será entonado sin excepción por todos los asistentes inclusive abanderados y escoltas. c) Al iniciarse la introducción, la Bandera de Ceremonia será colocada en la cuja por el abanderado y permanecerá en ella hasta el término del mismo. d) Todos los asistentes permanecerán de pie. Los alumnos mantendrán correcta posición de firmes. e) A su término, aplaudirán todos los asistentes, excepto abanderados y escoltas.

Abanderado y escoltas en el ámbito escolar

Tratamiento del abanderado y sus escoltas a lo dispuesto por el Gobierno de la Provincia y el de la Ciudad de Buenos Aires para actos escolares.

Al iniciar el acto

Con la presencia de toda las autoridades y asistentes se recibirá la Bandera de Ceremonia de pie y con un aplauso; llegará acompañada por dos escoltas.

En la marcha, el abanderado llevará la bandera apoyada sobre el hombro derecho, tomando el asta y la parte inferior del paño con la mano del mismo lado. Al colocarla en la cuja también se sostendrá con la mano derecha y al apoyar el asta en el suelo, el regatón tocara la punta del pie derecho, del lado exterior, y será tomada con la mano del mismo lado, en forma tal que el abanderado no quede oculto.

Durante el acto

El abanderado y los dos escoltas se colocarán en lugar destacado, a la derecha, de manera que quienes actúen no den nunca la espalda a la bandera. Se entiende por derecha, siempre, la derecha del abanderado y no la del público. El abanderado precederá a los dos escoltas, los que estarán entre sí, formando los tres un triángulo equilátero. Al izar la bandera en el frente del edificio o en el mástil y al entonarse el Himno Nacional o el de algún otro país, el abanderado colocara la bandera en la cuja.

Cuando se entone cualquier otra canción patriota o marcha, el abanderado mantendrá la bandera con el asta vertical y apoyada en el suelo.

Cuando se desfile ante la bandera, el abanderado la colocara en la cuja, las personas pasaran dando su derecha a la bandera y dirigirán la vista hacia ella.

Al terminar el acto

Se procederá a retirar la Bandera de Ceremonia antes de salir los presentes. El abanderado y ambos acompañantes se dirigirán hasta el lugar donde se la guarda.

La despedida también será coronada con aplausos por parte de los asistentes.

Por ningún motivo el abanderado y los acompañantes quedarán solos en el lugar del acto a la terminación de éste.

El abanderado es el único responsable de la conducción y movimiento de la bandera; los escoltas actuarán solamente en caso de extrema necesidad. Se preverá el reemplazo del abanderado por el primer o segundo escolta en eventual caso de indisposición de aquellos. El abanderado y los escoltas no podrán ser remplazados por otros presentes para la recepción de premios o distinciones, lectura de trabajo o intervención en actividades especiales. Por ninguna causa podrán renunciar a su condición de abanderado o escolta, salvo en el caso de indisposición.

Símbolos patrios

Decreto 824/2011

La Bandera Nacional Argentina deberá permanecer enarbolada de forma permanente en todos los edificios públicos.

Bs. As., 17/6/2011

VISTO y CONSIDERANDO:

Que la Bandera Argentina es uno de los más importantes símbolos patrios, indicativo de la soberanía nacional, debiéndosele rendir el máximo honor y respeto como afirmación de los valores patrióticos del país.

Que es necesario reafirmar las tradiciones que encierra dicho emblema y satisfacer su verdadera aspiración de confirmar el concepto de soberanía y de identidad nacional, manteniendo viva la presencia permanente del pabellón nacional.

Que por el artículo 1º del Decreto del 19 de mayo de 1869 se dispuso que la bandera argentina sería izada en todos los edificios públicos, en tanto el artículo 4º del Decreto Nº 1027 del 19 de junio de 1943 limitó sus alcances, ordenando que la bandera de la patria se izara al amanecer, en los lugares y días que corresponda, y se arriara con la entrada del sol, no debiendo quedar, por ningún motivo izada durante la noche.

Que la Ley Nº 25.173 establece la obligatoriedad de instalar la enseña patria nacional en todos los puestos de acceso y egreso del Estado argentino y en las empresas de servicios públicos, identificadas como nacionales, sin importar la procedencia de sus capitales.

Que la Bandera Argentina debe permanecer en alto como gloria de un pueblo generoso, representando a los hombres y mujeres que se sienten protegidos por ella, constituyendo un emblema de libertad, paz, honor y trabajo, a lo largo de nuestra historia.

Que a tal fin, resulta indispensable otorgar a nuestra enseña patria, vínculo indestructible entre las generaciones a través de los tiempos, símbolo de libertad, civilización y justicia, un tratamiento reverente con un criterio de orden y respeto hacia ella.

Que en este sentido, se dispone que la Bandera Nacional Argentina sea enarbolada en todos los edificios públicos de forma permanente, a cuyo efecto corresponde sustituir el artículo 1º del Decreto del 19 de mayo de 1869, derogando el artículo 4º del Decreto Nº 1027 del 19 de junio de 1943, sin perjuicio de las disposiciones reglamentarias que imperan —entre otros— en los ámbitos militares, educativos y de espacios públicos.

Que de este modo se retoma el espíritu de la norma de 1869.

Que la presente medida se dicta en uso de las atribuciones emergentes del artículo 99, inciso 1, de la CONSTITUCIÓN NACIONAL.

Por ello,

LA PRESIDENTA DE LA NACIÓN ARGENTINA

DECRETA:

Artículo 1º — Sustitúyese el artículo 1º del Decreto del 19 de mayo de 1869, por el siguiente:

"ARTÍCULO 1º.- La Bandera Nacional Argentina deberá permanecer enarbolada de forma permanente en todos los edificios públicos.

Dicha obligación será extensiva a todos los puestos de acceso y egreso del Estado argentino y a las empresas de servicios públicos identificadas como nacionales, sin importar la procedencia de sus capitales, de conformidad con lo previsto en la Ley Nº 25.173".

Art. 2º — Derógase el artículo 4º del Decreto Nº 1027 del 19 de junio de 1943.

Art. 3º — El MINISTERIO DEL INTERIOR dictará las normas complementarias y aclaratorias del presente decreto.

Art. 4º — La presente medida entrará en vigencia el día de su publicación en el Boletín Oficial.

Art. 5º — Comuníquese, publíquese, dése a la DIRECCION NACIONAL DEL REGISTRO OFICIAL y archívese. — FERNÁNDEZ DE KIRCHNER. — Aníbal D. Fernández. — Aníbal F. Randazzo.

Condecoraciones

Condecoraciones que entrega la República Argentina:
Orden del Libertador San Martín y Orden de Mayo.

Orden del Libertador San Martín

Máxima Condecoración Oficial que entrega la República Argentina a Dignidades extranjeras

Creada por Decreto N° 16.628 - Buenos Aires, 17 de diciembre de 1957.

La "Orden del Libertador San Martín" no significa una distinción de mera cortesía, sino la más alta recompensa nacional para los funcionarios civiles o militares extranjeros que merezcan el honor y el reconocimiento de la Nación.

La "Orden del Libertador San Martín" consta de los siguientes grados:

a. Collar;

b. Gran Cruz;

c. Gran Oficial;

d. Comendador;

e. Oficial;

f. Caballero.

El motivo central de la insignia de la Orden será la efigie del Libertador San Martín, rodeada de rayos flamígeros y rectilíneos. El reverso tendrá el escudo nacional. En el anverso llevará la leyenda "Libertador San Martín", de conformidad con los diseños y especificaciones anexos.

Los condecorados con el Collar usarán el mismo pendiendo del cuello. Los condecorados con la Gran Cruz usarán la banda de derecha a izquierda de la cual pende la insignia de la Orden, además de una plaqueta que deberá llevarse en el lado izquierdo del pecho. Los Grandes Oficiales usarán la placa del lado izquierdo del pecho. Los Comendadores usarán la medalla pendiendo de una cinta azul celeste y blanca sujeta al cuello. Los Oficiales y Caballeros usarán la medalla pendiendo de una cinta azul celeste y blanca del lado izquierdo del pecho. Los titulares podrán usar en la solapa la roseta de la Orden de acuerdo con los modelos anexos, como así también la réplica de la misma.

Los grados en que se compone esta Orden serán concedidos de acuerdo con la siguiente clasificación:

Collar

Soberanos o Jefes de Estado.

Gran Cruz

Vicepresidentes Poder Ejecutivo, Presidentes de Poderes, Ministros del Poder Ejecutivo, Ministros de la Corte Suprema, Embajadores Extraordinarios y Plenipotenciarios, Comandantes en Jefe y cargos similares, Tenientes Generales, Almirantes, Brigadieres Generales, Presidentes de Asambleas Nacionales y demás funcionarios de igual categoría considerando las normas orgánicas de cada país.

Gran Oficial

Miembros de Asambleas Legislativas, Enviados Extraordinarios y Ministros Plenipotenciarios, Ministros Consejeros, Generales de División y de Brigada, Vicealmirantes, Contraalmirantes, Brigadieres Mayores y Brigadieres y demás funcionarios de igual categoría considerando las normas orgánicas de cada país.

Comendador

Encargados de Negocios, Consejeros y Cónsules Generales, Coroneles y Teniente Coroneles, Capitanes de Navío y de Fragata, Comodoros, Vicecomodoros y demás funcionarios de igual categoría considerando las normas orgánicas de cada país.

Oficial

Secretarios y Cónsules de Primera, Segunda y Tercera Clase, Mayores y Capitanes, Capitanes de Corbeta, Tenientes de Navío, Comandantes y Capitanes de Aeronáutica y demás funcionarios de igual categoría considerando las normas orgánicas de cada país.

Caballero

Agregados, Vicecónsules y Oficiales de las Fuerzas Armadas de grados inferiores a los anteriormente citados y demás funcionarios de igual categoría considerando las normas orgánicas de cada país.

El Consejo de la Orden estará integrado por el Presidente de la Nación en su carácter de Gran Maestre de la Orden, por los Miembros del Gabinete Nacional, siendo el Ministro de Relaciones Exteriores y Culto el Gran Canciller de la Orden. Habrá un Secretario General y un Secretario de Actas, cargos que serán desempeñados por el Introductor de Embajadores y el Escribano de Gobierno respectivamente. Compete al Consejo de la Orden:

a.   Estudiar las propuestas que fueran elevadas.

b.   Aprobarlas o rechazarlas.

c.   Velar por la fiel ejecución del presente Reglamento.

d.   Mantener el prestigio de la Orden.

e.   Proponer las medidas que se consideren indispensables para el buen desempeño de sus funciones.

f.   Editar su propio Reglamento Interno.

g   Suspender o cancelar el derecho a usar las insignias conferidas por cualquier acto incompatible con la dignidad de la Orden.

Las propuestas que se eleven al Consejo deberán contener los siguientes datos:

a. Nombre y apellido completos del candidato propuesto.

b. Informe sobre los actos o merecimientos en los cuales se fundamente la propuesta.

c. Nacionalidad.

d. Profesión.

e. Biografía, con mención de los cargos desempeñados.

f. Condecoraciones que posee.

g. Si el candidato propuesto aceptara la condecoración, en caso de que le sea conferida, teniendo en cuenta que la legislación de su país lo permita.

Las personas condecoradas con la Orden podrán ser promovidas a propuesta de uno de los miembros que integran el Consejo, entre los grados de Caballero y Gran Cruz, teniéndose en cuenta para esto los nuevos méritos y virtudes democráticas correspondientes a su nueva investidura en el desempeño de la función.

El Consejo de la Orden llevará un Libro de Registros en el cual será inscripto, por orden cronológico, el nombre de cada uno de los miembros de la Orden, con la indicación del grado y datos biográficos respectivos. Las fojas del libro serán numeradas y rubricadas por el Secretario General de la Orden.

El Consejo de la Orden tendrá por sede el Ministerio de Relaciones Exteriores y Culto.

La comunicación de la concesión del Collar al agraciado la efectuará el Presidente de la Nación en su carácter de tal y como Gran Maestre de la Orden, mediante una carta autógrafa, la cual tendrá validez de diploma.

Las categorías de la Orden de Gran Cruz a Caballero serán testimoniadas por un Diploma que firmará el Presidente de la Nación, Gran Maestre de la Orden y refrendará el Ministro de Relaciones Exteriores y Culto, como Gran Canciller de la Orden.

Grado collar   Medalla circular   Cóndor Andino   Miniatura   Botón

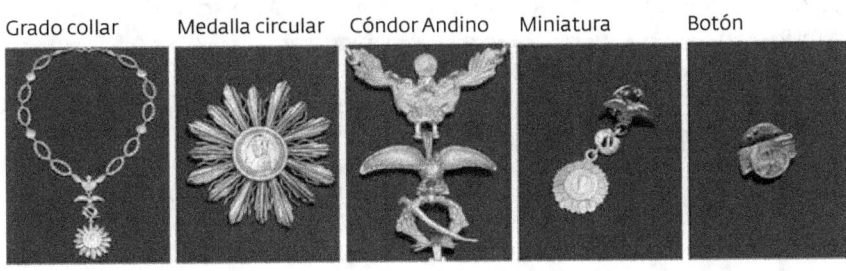

Orden de Mayo

Creada por Decreto N° 16.629 - Buenos Aires, 17 de diciembre de 1957.

La "Orden al Mérito" tiene por finalidad señalar el reconocimiento de la Nación hacia todos los que con su esfuerzo contribuyen al progreso, al bienestar, a la cultura y al buen entendimiento y solidaridad internacionales. Será otorgada exclusivamente a los ciudadanos civiles y militares extranjeros que se hayan distinguido por sus servicios y obras personales y merezcan la gratitud de la Nación.

Denominaciones de la "Orden de Mayo":

a. Al Mérito

b. Al Mérito Militar

c. Al Mérito Naval

d. Al Mérito Aeronáutico

La "Orden de Mayo" se compondrá de los siguientes títulos y grados:

a. Collar

b. Gran Cruz

c. Gran Oficial

d. Comendador

e. Oficial

f. Caballero

El Collar se otorgará únicamente dentro de la denominación "Al Mérito".

El Grado Gran Cruz de la "Orden de Mayo al Mérito Naval" se denominará: Gran Cruz Almirante Guillermo Brown.

El capítulo de la Orden y el despacho de los asuntos concernientes a ella estará a cargo de un consejo constituido por los Ministros de Relaciones Exteriores y Culto, Guerra, Marina y Aeronáutica.

El Consejo será presidido por el Presidente de la Nación como Gran Maestre de la Orden, siendo el Ministro de Relaciones Exteriores y Culto el Gran Canciller y depositario de la Orden.

Capítulo 10
Ceremonial Social y Urbanidad

Definición. Alcances

El Ceremonial Social o Urbano es el conjunto de conductas, reglas y normas sociales establecidas por usos y costumbres que se aplican en el medio oficial, social, laboral, académico, político, cultural, deportivo y militar. Una persona urbana se maneja en forma cortés, atenta y de buen modo.

El Ceremonial Social es muy flexible y dinámico y se va adaptando según el devenir de las sociedades.

Eventos Sociales

Premisas generales para la organización de actos sociales:

Si bien los eventos sociales suelen ser menos rigurosos que muchos de los actos o eventos empresariales u oficiales, no por ello su organización deja de necesitar tiempo de preparación por muy sencilla que parezca. Pueden utilizarse una importante diversidad de servicios y hay que monitorear su correcto devenir atento a los detalles que este tipo de actividades implican.

Fases del proceso de organización de un Evento Social

1. Las actividades previas al evento (Preevento).

2.   Preparación del Evento (Evento o Acto en sí mismo.

3.   Las actividades posteriores al Evento (Postevento).

1. Actividades previas

1.1. Definición de los objetivos.

De acuerdo a los objetivos que se hayan consensuado con los contratantes del servicio podremos inferir los alcances y rigurosidad de las normas de Ceremonial aplicables.

1.2. Determinación de lista de invitados. Clasificación y definición de los criterios de precedencia. Análisis socio cultural del público que asistirá el Evento.

1.3. Redacción de invitaciones.

1.4. Diseño de planos de ubicación de mesas.

1.5. Asignación de ubicaciones en mesas.

1.6. Elementos auxiliares. *Souvenirs.*

1.7. Programa del Evento.

2. Preparación del Evento

2.1. Recepción y tratamiento de agasajados, anfitriones, invitados especiales, familiares directos, autoridades de todo tipo que asistieren, público en general.

2.2. Asistencia en salas y recepción.

2.3. Reasignación de ubicaciones si fuere necesario.

2.4. *Timming* general del acto.

3. Actividades posteriores al Evento (Post-Acto)

3.1. Dossier de valoración

– Elaboración de un informe o dossier final con todas las conclusiones positivas y negativas del acto.

– Archivo con los modelos de elementos de comunicación utilizados:

– Invitaciones, agradecimientos, etc.

3.2. Dossier archivo

- En este dossier, incluye todo el material que haya generado el acto, como por ejemplo:

- Dossier fotográfico (selección las mejores fotografías)

- Grabaciones en video.

- "*Clipping*" de las apariciones en la prensa escrita, etc.

3.3. Agradecimientos

- A los asistentes (por lo menos a los más importantes).

- Al personal contratado o a los colaboradores en general.

- A los eventuales auspiciantes y patrocinadores.

- A los proveedores.

- Los agradecimientos se suelen hacer mediante una carta manuscrita firmada por la persona más importante organizadora del acto. En ocasiones, se puede adjuntar algún detalle, como fotografías u obsequios conmemorativos.

- Agasajos.[1]

El vino de honor

Es el que se puede ofrecer con motivo de la presentación de un libro, en la inauguración de una muestra de pintura, después de una conferencia, en una fiesta patria, en la firma de un convenio. Son muchas las circunstancias en las cuales lo podemos utilizar.

En el vino de honor los invitados están de pie. Podrán tomar asiento si hay sitios para hacerlo. Pero ese estar de pie, nos advierte que no debemos preocuparnos por las precedencias y por la correcta ubicación de las personas alrededor de mesas.

Para este agasajo, en una empresa, en una institución, el servicio se hará "bandejeado" por camareras o camareros. Ofrecerán, en principio vino. Como hay personas que, por diversos motivos, no beben alcohol, últimamente se ha comenzado a servir jugos, refrescos y agua.

---

1   Di Génova, Antonio Ezequiel. *Ceremonial Empresarial. El Ceremonial de Relaciones Públicas.* Ugerman Editor. 2014. Buenos Aires.

El vino que se utiliza es en todas sus variedades. Por lo tanto el *champagne*, que es un vino, se puede servir como *Brut*. Los vinos, los jugos, los refrescos, el agua, deben presentarse siempre a los invitados en la misma bandeja, para que ellos puedan servirse lo que desean.

El vino de honor no se acompaña con ingredientes, si es que se ha querido servir y se ha anunciado "un vino de honor". No se trata de un agasajo pobre, sino de la elección de uno que, por diversos motivos, sirve al fin para el cual se lo ha escogido.

El cóctel

La Real Academia Española acepta la palabra *cocktail* y la *castellanizada* cóctel. Este agasajo es el que se sirve antes de las comidas principales. En algunos países –guste o no– se lo denomina aperitivo. En los Estados Unidos, es "*appetizer.*"

Es aquello que se sirve antes de un almuerzo o de una cena.

Para nosotros, en Ceremonial, es necesario. Tiene un efecto ordenador, porque nos permite saber a ciencia cierta cuántos son los comensales y también para que los invitados al agasajo, se conozcan y sepan dónde se van a ubicar.

En el cóctel se utiliza el sistema del "bandejeado". Se sirven bebidas y algunos ingredientes. Estos últimos deben ser siempre pequeños, que puedan ser llevados a la boca y ser comidos de un solo bocado.

Las bebidas que se utilizan para el cóctel no deben ser fuertes, porque éstas anestesian el paladar y las personas han sido invitadas a un almuerzo o a una cena. Se puede servir *champagne* y este vino puede acompañar toda la comida principal, si es que se ha previsto así. Acompañamos también, en la misma bandeja que se ofrece a los huéspedes, otros vinos, jugos, refrescos y agua.

En el cóctel los invitados se sirven de lo que se les ofrece, puesto que no hay un servicio personalizado de bebidas.

Este agasajo se puede servir a cualquier hora del día. Así lo entienden los especialistas. Por lo general, en instituciones, en empresas, cuando se invita a un cóctel, se elige una hora asequible a los invitados. Por eso, se fija también para él un tiempo de duración. Se invita a un cóctel de 12.00 a 14.00 o de 18.00 a 20.00.

Vamos a describir, por partes, este agasajo, que es elegante y permite reunir a un grupo numeroso de personas, con un costo no muy elevado.

Cuando se dice verbalmente o por escrito, "invitan a usted al cóctel que ofrecerán de 18:00 a 20:00", esa es la hora del comienzo. Los huéspedes no pueden arribar cuando lo deseen, porque hay una técnica para este agasajo.

A la hora del inicio, el anfitrión, es decir el dueño de casa, junto con su esposa, se colocan en un lugar cercano a la puerta de ingreso al sitio donde se ofrecerá el agasajo. Los invitados llegan. El caballero que va con su consorte, se adelanta y saluda. Va, en primer término, al dueño de casa. Después, hace lo mismo con la esposa y, recién entonces, presenta a su cónyuge al caballero y a su mujer. Los invitados pasan al salón. Los anfitriones continúan recibiendo y, pasados unos minutos, van a departir brevemente con todos los invitados.

Cuando se acerca la hora de finalización, los anfitriones se colocan nuevamente junto a la puerta de salida. Los invitados se retiran, saludando de manera inversa a su llegada. En primer lugar se despedirán de la señora y después del anfitrión.

Es necesario contar con un guardarropa, especialmente si el agasajo se hace en invierno o en tiempo lluvioso. Allí dejarán los invitados sus prendas y después pasarán a saludar a sus anfitriones.

El servicio de este cóctel es también "bandejeado" por camareras o camareros profesionales. En este cóctel con entidad propia, se pueden servir bebidas fuertes, junto a vinos en general, jugos, refrescos y agua. Se ofrecen ingredientes que deben ser pequeños, aunque como los invitados no participarán después de una comida principal, el espectro de variedades debe ser grande. En la elección, no debe privar solamente el costo, sino el buen gusto. Un carrito con canapés, dispuestos con elegancia, unas figuras en hielo junto al caviar, son siempre bien recibidos y constituyen una muestra delicada de agasajo.

El almuerzo y la cena

Son las dos comidas principales en nuestro país. Con ellas, se puede invitar a amigos o a aquellas personas a quienes se desea agasajar por diversos motivos.

En el ámbito social, donde el Ceremonial tiene un campo inmenso, el almuerzo no reviste una importancia grande, porque estamos acostumbrados a agasajar con cenas. Sin embargo, en el primer agasajo y desde nuestro punto de vista, no podemos olvidar que se debe invitar a una hora determinada. Entonces, los dueños de casa, los anfitriones, deben aguardar a sus huéspedes, a sus invitados. Al llegar, si vienen abrigados o llueve, ellos deben adelantarse a tomar los abrigos, los paraguas, y todo aquello que no utilizarán durante el agasajo. Bueno es recordar que no hay más señor y no más señora que aquel o aquella que realiza este servicio.

Después, harán pasar a los invitados al living o a un salón. Se les ofrecerá algo para beber y también algo para comer, teniendo en cuenta todo lo que ya hemos dicho sobre el cóctel. Este es un cóctel, y en él se entablará una conversación con los recién llegados y se les podrá presentar a otros huéspedes.

Cuando el almuerzo esté listo, la dueña de casa, invitará al caballero huésped que la acompañe al comedor. Hará lo mismo el caballero con la esposa del primero. La señora invitará al caballero a tomar asiento a su derecha. El dueño de casa indicará a la dama que se ubique a su derecha.

En la mesa a la inglesa, los anfitriones ocupan las cabeceras de las mesas y sientan a derecha y a izquierda a sus invitados por precedencias. Hoy vemos solamente a un matrimonio que agasaja a otro.

Es un almuerzo y, por lo tanto, se pondrá la mesa de acuerdo a la hora. No se colocan candeleros ni candelabros –tampoco de adorno–. Los utensilios serán dispuestos a izquierda y a derecha del plato de sitio, que tendrá sobre él un plato. El primero no es necesario, pero permite un mayor lucimiento de la vajilla y, a nosotros, en Ceremonial, nos indica un lugar.

Los manteles pueden ser de color. Se utilizan también individuales. En el arreglo de la mesa, la anfitriona no podrá olvidar que se trata de un agasajo en horas del mediodía. Por eso, elegirá, con su mesura y sentido común, las flores y otros elementos que dispondrá sobre la mesa.

Cuando son pocos los comensales no se colocan señaladores de sitio y jamás se ponen para los anfitriones.

Los almuerzos constan, por lo general de dos platos y postre. Pueden ofrecerse vinos, aunque se sirven también bebidas no alcohólicas y agua mineral sin gas.

El comensal sabrá que deberá elegir entre aquellas que se le ofrecen sin sugerir ninguna otra.

Al final del almuerzo, se puede servir café en la misma mesa. El plato de sitio permanecerá sobre ella y la dueña de casa, puede ofrecer también té o alguna bebida.

Es posible servir el café en el living contiguo. Para ello, la dueña de casa, se incorporará de su silla e invitará al caballero que está a su derecha. Lo mismo hará el anfitrión con la esposa de aquel.

Modales en la mesa

Consejos básicos a tener en cuenta

- ▶ Debe sentarse correctamente, con una postura erguida. Los codos siempre por debajo de la línea de la mesa.

- Una vez que utilizamos los cubiertos volvemos a colocarlos en el plato, la posición en que lo hagamos indicará si hemos finalizado o si aún estamos consumiendo. Cuando termine de comer debe colocar el tenedor y el cuchillo uno al lado del otro, diagonalmente en el plato; el tenedor hacia usted y el cuchillo hacia afuera. Si no se ha terminado y se quieren descansar los cubiertos, se deja el tenedor a la izquierda, diagonal sobre el plato y el cuchillo a la derecha diagonalmente, nunca descansando sobre la mesa. Cuando se hace difícil colocar la comida sobre el tenedor es permitido, de manera suave, utilizar el cuchillo como soporte.

- Hay dos maneras de manejar el cuchillo y el tenedor: al estilo europeo y al estilo americano.

- Estilo americano: se distingue porque el comensal corta primero unos cuantos bocados de alimento y deja después el cuchillo cruzado justo enfrente del plato. El tenedor se cambia entonces a la mano derecha. La mano izquierda se apoya en la rodilla mientras se está usando el tenedor. Por consiguiente, el comensal cambia estos cubiertos de una mano a otra tantas veces como precise a lo largo de la comida.

- Mientras se come un bocado, se hace posar el tenedor sobre la derecha del plato, en forma de remo. Para volver a realizar la operación se pasa el tenedor a la izquierda, se toma el cuchillo y se procede nuevamente tal como la primera vez.

- Estilo europeo: El comensal procede a cortar con el cuchillo la carne o el alimento servido, normalmente un trozo pequeño cada vez y usa el tenedor con la mano izquierda, con los dientes hacia abajo, para pinchar el trozo y llevarlo a la boca.

- La servilleta se colocará en las piernas tan pronto se siente en la mesa, no debe abrirse totalmente.

- El pan se corta con las manos.

- Solo los antebrazos pueden tocar la mesa. Los alimentos se llevan a la boca manteniendo una posición erguida.

- No se debe accionar con los cubiertos cuando se está hablando.

- Cuando se vaya a tomar agua, vino, etc., se deben limpiar los labios con la servilleta para no manchar las copas.

- Al ingerir alimentos –en pequeñas porciones– no es momento de hacer uso de la palabra.

► Cuando se ingieran bebidas, los cubiertos deberán posarse en el plato de acuerdo a si se sigue o no con la ingesta de alimentos.

► Las cucharas jamás se dejan dentro de platos, tazas o tazones.

► Si no se ha terminado y se quieren descansar los cubiertos, nunca los deje sobre la mesa.

► El cuchillo debe tomarse entre el pulgar y el índice, descansando sobre el dedo medio, asimismo el tenedor.

► Cuando se hace difícil colocar la comida sobre el tenedor es permitido, de manera suave, utilizar el cuchillo como soporte.

► Los palillos no son aceptados en la mesa.

► Durante una comida nunca se habla de negocios, solo en la sobremesa se pueden tocar esos temas.

► Es de mal gusto ir al baño durante una comida, formal o informal. También lo es colocar en la mesa el teléfono celular o mantenerlo conectado.

► Al finalizar la ingesta de alimentos, se colocan ambos cubiertos juntos, el tenedor con los dientes hacia arriba y el cuchillo con el filo hacia adentro, en una posición lo más proporcional posible entre los 90 y 180 grados del plato.

Las formas del saludo

El saludo es una forma amable en que una persona hace notar a otra u otras, su presencia, o a través de la cual comienza una conversación.

Apretón de manos

Es un tipo de saludo de ritual corto, generalmente realizado cuando dos personas se encuentran o despiden, o cuando se termina un acuerdo. Su propósito es demostrar buenas intenciones y posiblemente haya sido originado como un gesto para mostrar que las manos no cargan armas.

Generalmente es considerado inapropiado el rechazar un apretón de manos y en la mayoría de los círculos sociales se espera que aquella persona con el mayor estatus social sea quien lo inicie.

En muchos lugares del mundo un saludo de manos con un apretón débil no es bien aceptado.

Historia

El origen del apretón de manos es tan antiguo como el hombre, hay ciertos indicios, ya en época prerromana, que así lo atestiguan. Se trata de las denominadas *teseras* (manos entrelazadas) de hospitalidad. Los pactos de hospitalidad eran una costumbre muy asentada entre los pueblos indoeuropeos occidentales y en España un elemento indígena que pervivió a la organización romana. Eran acuerdos de amistad, una vinculación especial por la cual los implicados (individuos o ciudades) se recibían en mutua protección, reconociéndose leyes, derechos y deberes que se plasman sobre teseras o cartas tábulas (tablas de bronce). Hasta entonces los pactos de hospitalidad siempre habían sido verbales, un rito con presencia de testigos y de los dioses que actuaban como garantes. Las teseras y kortikas (cortes o cartas) de nuestro legado arqueológico fueron escritas en lengua celtíbera y alfabeto ibérico (similar al griego) y latino.

El apretón de manos, se utilizó en la Edad Media, los caballeros para saludarse "daban" la mano contraria al lugar donde llevaba la espada, (que solía ir colgada a la izquierda) al ofrecer esa mano el contrincante se aseguraba que éste no iba a sacar la espada repentinamente para atacarlo.

Hoy en día el apretón de manos es utilizado en todo el mundo, aunque algunas culturas poseen formas alternativas de saludar, las cuales son preferidas sobre el apretón.

El beso en la mejilla

El beso en la mejilla es un ritual o gesto social utilizado ya sea como signo de amistad, como saludo, para felicitar a alguien, o para mostrar respeto.

El beso en la mejilla es más común en Europa y Latinoamérica que en Norteamérica (excepto por Miami y Quebec) y Asia (excepto por Medio Oriente).

Dependiendo de la cultura local, el beso en la mejilla puede ser considerado apropiado entre un hombre y una mujer, un padre y un hijo, dos mujeres, o dos hombres. Esto último es socialmente aceptado en Rusia, Medio Oriente, Argentina, Chile y Uruguay.

En un beso en la mejilla, ambas personas se inclinan hacia adelante y, o bien se tocan mejilla con mejilla, o bien labios con mejilla. Dependiendo del país y la situación los besos pueden ser más de uno. El apretón de manos o el abrazo pueden acompañar este tipo de saludo.

El significado de ciertas costumbres y tradiciones en las bodas.

▶ El velo es un símbolo de la pureza, la modestia y la inocencia de la novia. También se consideraba que la protegía de la envidia de las invitadas. En algunas culturas orientales, la novia hace servir el velo para ocultar su rostro al novio, que nunca antes ha visto a su futura esposa, hasta el final de la ceremonia.

▶ El arroz que se tira a los novios a la salida de la ceremonia tiene la finalidad de garantizar la fertilidad de la pareja. Se trata de una costumbre moderna importada desde Asia.

▶ Las alianzas, auténtico símbolo de la unión, significan la eternidad y son un ritual que proviene de la época romana. Se colocan en el dedo anular porque antiguamente existía la creencia que la vena que pasa por este dedo iba directamente al corazón.

▶ La tradición de la luna de miel la debemos a los teutones, que únicamente se casaban las noches de luna llena. Después de la ceremonia, los novios pasaban treinta días bebiendo licor de miel porque se consideraba que era un poderoso afrodisíaco. Este periodo después de la boda se conocía como luna de miel.

▶ El pastel nupcial proviene de la antigua Roma, donde se rompía un pan sobre la cabeza de la novia como símbolo de fertilidad y de larga vida a la pareja. Se creía que las migas resultantes traían buena suerte, por lo que los invitados las cogían del suelo para comérselas.

Algo nuevo, algo viejo, algo prestado y algún detalle de color azul

Se trata de una tradición muy antigua que, a día de hoy, no ha cambiado en absoluto y que la mayoría de las novias respetan. Llevar algo nuevo representa la nueva vida que se está a punto de comenzar en compañía del marido.

Una joya, la liga o un pañuelo pueden ser detalles perfectos para llevar alguna cosa vieja, que significa el pasado y el afecto de la novia a la vida con sus padres, y la pieza prestada, que simboliza la amistad y es buen augurio de que los amigos te acompañarán siempre. En último lugar, llevar algo azul encarna la fidelidad, al mismo tiempo que ejerce de amuleto de la buena suerte y de protección contra las enfermedades.

Algunas supersticiones sobre las bodas.

▶ El novio no puede ver el vestido de la novia antes de la ceremonia porque trae mala suerte.

▶ Las perlas, según la tradición cristiana, son las lágrimas de los ángeles. Es por eso que se considera que serán portadoras de mala suerte en el matrimonio si la novia las luce el día de su boda.

▶ Antiguamente se creía que casarse el mes de enero ocasionaba problemas económicos al matrimonio.

▶ Las bodas en viernes traen amor para toda la vida, ya que el viernes es el día de Venus, la diosa del amor y la belleza. El domingo, si hacemos caso de la superstición, también es un buen día para una boda porque es el día del sol, que aportará al matrimonio salud, alegría y fortuna. Por este mismo motivo, el 24 de junio, solsticio de verano, es un buen día para casarse.

▶ Para asegurarse una unión feliz y fuerte, lucir algún diamante el día de la boda. Los diamantes son símbolo de pureza y dureza.

▶ Para que tus amigas solteras encuentren un marido, el día de tu boda tienes que escribir un papel con sus nombres y llevarlo escondido en tu zapato derecho.

▶ La tradición de tocar la bocina del coche o colgar latas del coche nupcial tiene que ver con el ruido que antiguamente se hacía para alejar a los malos espíritus.

Significados de algunas flores del ramo de novia

A las flores se le asigna un lenguaje que simboliza los grandes conceptos de la humanidad, como el amor, la amistad o el luto. Este lenguaje, que ha llegado hasta nuestros días, nació a principios del siglo XVII en Constantinopla y fue introducido en Europa en el siglo XVIII. El Romanticismo fue la época dorada de las flores, cuando los amantes empezaron a utilizar las flores para comunicarse en secreto.

Muchos siglos después, en una sociedad avanzada como la nuestra, las flores mantienen su esencia más romántica y nos impactan sus colores, aromas y formas. Partiendo de su significado, las flores más adecuadas para una boda serán las rosas, especialmente si son rojas, ya que constituyen un auténtico símbolo de amor y pasión. Las rosas rosadas también pueden ser perfectas, dado que simbolizan la felicidad. Las flores blancas, como el lirio, han sido siempre muy utilizadas en las bodas porque significan pureza e inocencia. Las orquídeas, que representan la belleza, tampoco deberían faltar nunca en una celebración nupcial.

La mesa de los novios: la mesa presidencial.

Los novios no llegarán al banquete hasta que todo el mundo esté ubicado. Será entonces cuando, la novia a la izquierda de su flamante marido, entren al salón tomados de la mano o del brazo.

Los novios, con la novia siempre a la izquierda, ocuparán los asientos centrales de la presidencia. Los padres del novio se sentarán al lado de la novia y, los de la novia, lo harán junto al novio. Este es el protocolo convencional, actualmente también se acepta que los novios se sienten al lado de sus respectivos padres, así como incorporar abuelos o hermanos a la mesa presidencial.

Denominaciones de los aniversarios de boda

Aunque, tradicionalmente, las bodas de plata y las de oro son las que más se festejan, muchos otros aniversarios de bodas poseen una denominación particular:

- ► Primero: Papel
- ► Segundo: Algodón
- ► Tercero: Cuero
- ► Cuarto: Lino
- ► Quinto: Madera
- ► Sexto: Azúcar
- ► Séptimo: Lana
- ► Octavo: Bronce
- ► Noveno: Barro
- ► Décimo: Estaño
- ► Undécimo: Acero
- ► Duodécimo: Seda
- ► Decimotercero: Encaje
- ► Decimocuarto: Marfil
- ► Decimoquinto: Cristal
- ► Vigésimo: Porcelana
- ► Vigésimo quinto: Plata
- ► Trigésimo: Perla
- ► Trigésimo quinto: Coral
- ► Cuadragésimo: Rubí
- ► Cuadragésimo quinto: Zafiro

- Quincuagésimo: Oro

- Quincuagésimo quinto: Esmeralda

- Sexagésimo: Diamante

- Sexagésimo quinto: Platino

Las Mesas

La elección de un tipo particular de mesa y la forma en la que se dispondrán las personas en derredor de ellas es uno de los temas de mayor importancia dentro del Ceremonial en general.

Formatos más frecuentes

Mesa Redonda para Ejecutivos
Su principal virtud probablemente sea su practicidad y adaptabilidad, puede albergar a su alrededor entre 8 a 12 personas.

Una vez que se establece una cabecera para el anfitrión o máxima precedencia se ubican a su derecha e izquierda los demás participantes de acuerdo a su respectiva precedencia.

En las mesas para ejecutivos hombres y mujeres se ubican de acuerdo a su propia precedencia, sin tener que observar el principio de alternancia hombre/mujer, propio de las comidas mixtas.

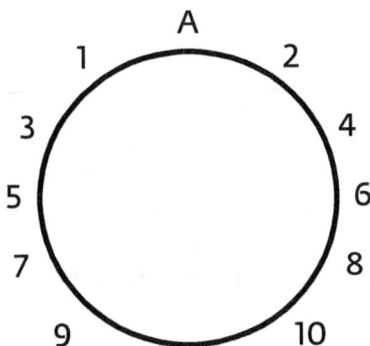

Mesa Rectangular para Ejecutivos
Posiblemente sea el formato de mesa más común con el que uno se pueda encontrar en la sala de reuniones de una empresa.

Existen dos estilos clásicos de ubicar la cabecera en estos tipos de mesas, el inglés y el francés.

Estilo Inglés: La cabecera se ubica en unos de los extremos más angostos de la mesa.

A derecha e izquierda sucesivamente se irán ubicando las demás personas de acuerdo a su precedencia hasta ocupar el último de los lugares disponibles de los extremos más alargados de la mesa.

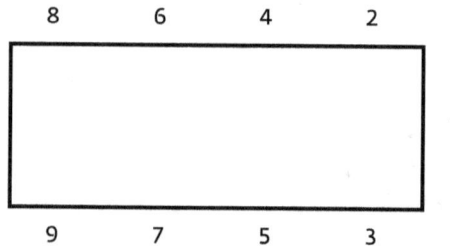

Estilo Francés: La cabecera se ubica en unos de los extremos más alargados de la mesa.

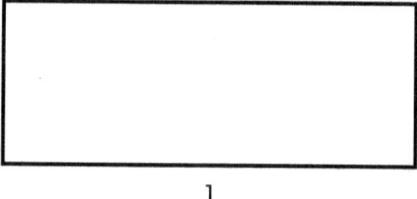

A derecha e izquierda sucesivamente se irán ubicando las demás personas de acuerdo a su precedencia hasta ocupar el último de los lugares disponibles de los extremos más alargados de la mesa, dejando el espacio opuesto a la cabecera libre para no generar una doble cabecera.

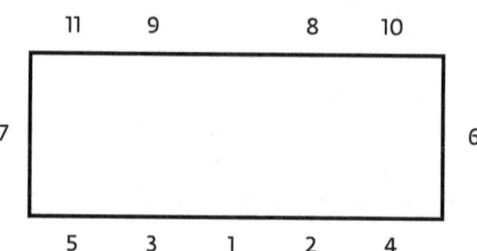

Tamaño de las mesas

Tamaño de la mesa	Número de Comensales	Forma de la mesa	Tamaño del mantel
71.12 x 71.12 hasta 101.6 x 101.6 (mesa cuadrada)	4	■	132.08 x 132.08 (mesa cuadrada)
91.44 hasta 121.92 de diámetro (mesa redonda)	4	●	152.4 de diámetro (mesa redonda)
71.12 x 116.84 hasta 101.6 x 147.32 (mesa rectangular)	4 a 6	▬	132.08 x 177.8 (mesa rectangular)
71.12 x 116.84 hasta 101.6 x 147.32 (mesa oval)	4 a 6	⬭	132.08 x 177.8 (mesa oval)
116.84 hasta 147.32 (mesa redonda)	6	●	177.8 de diámetro (mesa redonda)
91.44 x 152.4 hasta 121.92 x182.88 (mesa rectangular)	6 a 8	▬	152.4 x 213.36 (mesa rectangular)
91.44 x147.32 hasta 121.92 x177.8 (mesa rectangular)	6 a 8	▬	152.4 x 213.36 (mesa oval)
162.56 hasta 193.04 (mesa redonda)	6 a 8	●	228.6 de diámetro (mesa redonda)
91.44 x198.12 hasta 121.92 x228.6 (mesa rectangular)	8 a 10	▬	152.4 x 259.08 (mesa rectangular)
91.44 x198.12 hasta 121.92 x228.6 (mesa oval)	8 a 10	⬭	152.4 x 259.08 (mesa oval)
91.44 x243.84 hasta 121.92 x274.32 (mesa rectangular)	4 a 12	▬	152.4 x 304.08 (mesa rectangular)
91.44 x243.84 hasta 121.92 x274.32 (mesa oval)	4 a 12	⬭	152.4 x 304.08 (mesa oval)

Modelos de cómo presentar una mesa

Desayuno

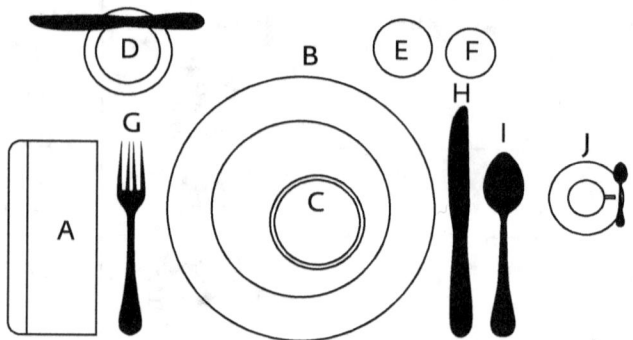

A. Servilleta e individual o mantel. **B.** Plato para almuerzo. **C.** Tazón para cereal. **D.** Plato para pan y manteca. **E.** Taza para café o té, plato y cuchara. **F.** Vaso para agua. **G.** Vaso para jugo. **H.** Tenedor. **H.** Cuchillo. **J.** Cuchara.

Comidas formales: almuerzos y cenas

A. Tenedor de entrada. **B.** Tenedor de mesa. **C.** Plato para pan. **D.** Cuchillo para mantequilla. **E.** Copa para agua. **F.** Cuchillo de mesa. **G.** Cuchillo de entrada. **H.** Cuchara de sopa. **I.** Copa para vino tinto. **J.** Copa para vino blanco. **K.** Tenedor y cuchara para postre. **L.** Plato base. **M.** Plato llano.

Mantelería

Una mesa formal consta de:

▶ *Mantel vinílico afelpado*: sirve para proteger la mesa de golpes y líquidos derramados, debe colocarse a unos cinco centímetros del borde de la mesa.

▶ *Bajo mantel*: va debajo del mantel final y su función es decorativa. Debe ser más largo, que el mantel y de un color que combine con él.

▶ *Mantel*: deberá cubrir toda la mesa y colgar como mínimo veinte centímetros a partir del borde de la mesa.

▶ *Servilletas*: deberán ser de tela, que hagan juego con el mantel; se colocan a la izquierda o bien encima del plato, con un doblez sencillo y elegante.

▶ *Mesa auxiliar*: pequeña mesa para tener a la mano lo necesario durante la comida.

▶ El espacio que debe haber entre cada comensal, es de 30 centímetros aproximadamente para que éstos estén cómodos y se facilite el servicio.

Colocación de la Vajilla

En primer término se coloca el plato base o plato de decoración que tiene la función de centrar el lugar de cada invitado. Puede ser de diferentes materiales: cobre, plata, acero inoxidable, etc.

Sobre el plato base se ponen dos platos llanos, uno para retirar el plato sopero y el otro para servir el platillo siguiente. Sobre él se sitúan el plato llano y sobre éstos, el plato hondo o plato de aperitivo, más pequeños que los anteriores. El platillo del pan se coloca a la derecha de éstos alineado con las copas.

El plato para fruta se coloca en el momento en que se sirve el postre.

La entrada y el cambio de platos deben efectuarse por la izquierda.

Cubiertos

Se colocan conforme se van a utilizar: de afuera hacia adentro se ponen los que se usarán primero y más cerca del plato los que se utilizarán después. La parte de abajo de los cubiertos deberá quedar en línea recta.

Al finalizar el postre, si se sirvió en un plato bajo, la cuchara se deja dentro del plato; si se trata de una copa, la cuchara se deja en el platito de servicio.

El café se sirve a la mesa con sus propios cubiertos.

Las copas

Las copas para agua y vinos se colocan en la mesa desde el principio, en cambio, las copas para *champagne* pueden colocarse desde el principio o cuando se esté por servir; antes se quitan las copas de vino y agua.

El servicio de bebidas, se efectúa por el lado derecho.

El agua debe servirse antes de que los invitados se sienten a la mesa.

Bibliografía

Alonso, Rodrigo; 1993. *Imagen de marca*, Acento Gráfico, Madrid.

Capriotti, Paul. 1992. *La Imagen de Empresa. Estrategia para una Comunicación Integrada.* Barcelona: El Ateneo.

De Michele Roberto. Los códigos de ética en las empresas, Ediciones Granica. Buenos Aires, 1998.

Di Génova, Antonio. Ceremonial Empresarial. *El Ceremonial de Relaciones Públicas.* Buenos Aires: Lectorum Ugerman, 2010.

Di Génova, Antonio Ezequiel. *Manual de Relaciones Públicas e Institucionales. Estrategias de Comunicación y tácticas relacionales.* Buenos Aires. Ugerman Editor, 2012.

Di Génova, Antonio. *Teoría de las Relaciones Públicas.* Separatas de Cátedra. Universidad Argentina John F. Kennedy. Buenos Aires. 1999.

Di Tella, Torcuato S. 1989. *Diccionario de Ciencias Sociales y Políticas.* Buenos Aires: Puntosur.

Etxeberria, Xabier. *Ética de las Profesiones. Temas Básicos.* Desclée de Brouwer, S.A. 2ª Edición. Bilbao, España, 2002.

Fernández Escalante, Fernando. 1974. *Ciencias de la Comunicación y Relaciones Públicas.* Buenos Aires: Macchi.

Holme, Richard and Phil Watts. *Corporate Social Responsibility: Making Good Business Sense.* Ginebra, Suiza: Reporte Mundial de Negocios para el Desarrollo Sostenido (World Business Report for Sustainable Development) 2002.

Lara, María Luisa. *Filantropía Empresarial: Convicción y estrategia.* Editorial Pax México, México, 2000.

Pérez Tapias, José Antonio. Filosofía y crítica de la cultura. Editorial Trotta. Madrid, 2000.

Simon, Raymond. *Relaciones Públicas. Teoría y Práctica*. Ciudad de Méjico: Limusa, 1999.

Toro, Olga y Rey, Germán. *Empresa Privada y Responsabilidad Social*. Utópica Ediciones. 1996.

Villafañe, Justo; *La gestión profesional de la imagen corporativa,* Pirámide, Madrid, 2004.

Werner, Klaus y Weiss, Hans. *El libro negro de las marcas*. Editorial Sudamericana, 2004.

Whorf, Benjamín. 1956. *Language. Thought and Reality*. Nueva York: MIT Press.